Política

CONSELHO EDITORIAL DE FILOSOFIA

Maria Carolina dos Santos Rocha (Presidente). Professora e Doutora em Filosofia Contemporânea pela ESA/Paris e UFRGS/Brasil. Mestre em Sociologia pela Escola de Altos Estudos em Ciências Sociais (EHESS)/Paris.

Fernando José Rodrigues da Rocha. Doutor em Psicolinguística Cognitiva pela Universidade Católica de Louvain, Bélgica, com pós-doutorados em Filosofia nas Universidades de Kassel, Alemanha, Carnegie Mellon, EUA, Católica de Louvain, Bélgica, e Marne-la-Valle, França. Professor Associado do Departamento de Filosofia da Universidade Federal do Rio Grande do Sul.

Nestor Luiz João Beck. Doutor em Teologia pelo Concordia Seminary de Saint Louis, Missouri, EUA, com pós-doutorado em Teologia Sistemática no Instituto de História Europeia em Mainz, Alemanha. Bacharel em Direito. Licenciado em Filosofia. Bolsista da Fundação Alexander von Humboldt, Alemanha.

Roberto Hofmeister Pich. Doutor em Filosofia pela Universidade de Bonn, Alemanha. Professor do Programa de Pós-Graduação em Filosofia pela PUCRS.

M157p Mackenzie, Iain.
     Política : conceitos-chave em filosofia / Iain Mackenzie ; tradução: Nestor Luiz João Beck. – Porto Alegre : Artmed, 2011.
     182p. ; 23 cm.

     ISBN 978-85-363-2518-7

     1. Filosofia – Política. I. Título.

CDU 1

Catalogação na publicação: Ana Paula M. Magnus – CRB 10/2052

Política

CONCEITOS–CHAVE EM FILOSOFIA

Iain Mackenzie
Professor de Teoria Política da University of Kent, UK

Consultoria, supervisão e tradução desta edição:
Nestor Luiz João Beck
Doutor em Teologia pelo Concordia Seminary de Saint Louis, Missouri, EUA, com pós-doutorado em Teologia Sistemática no Instituto de História Europeia em Maniz, Alemanha. Bacharel em Direito. Licenciado em Filosofia. Bolsista da Fundação Alexander von Humboldt, Alemanha.

2011

Obra originalmente publicada sob o título *Politics: key concepts in philosophy*
ISBN 978-0-8264-8795-7

© Iain MacKenzie, 2009.
Published by arrangement with the Continuum International Publishing Group.

Capa
Paola Manica

Preparação do original
Edna Calil

Leitura final
Marcelo de Abreu Almeida

Editora Sênior – Ciências Humanas
Mônica Ballejo Canto

Projeto e editoração
Armazém Digital® Editoração Eletrônica – Roberto Carlos Moreira Vieira

Reservados todos os direitos de publicação, em língua portuguesa, à

ARTMED® EDITORA S.A.
Av. Jerônimo de Ornelas, 670 – Santana
90040-340 – Porto Alegre, RS
Fone: (51) 3027-7000 Fax: (51) 3027-7070

É proibida a duplicação ou reprodução deste volume, no todo ou em parte,
sob quaisquer formas ou por quaisquer meios (eletrônico, mecânico, gravação,
fotocópia, distribuição na Web e outros), sem permissão expressa da Editora.

SÃO PAULO
Av. Embaixador Macedo Soares, 10.735 – Pavilhão 5
Cond. Espace Center – Vila Anastácio
05095-035 – São Paulo, SP
Fone: (11) 3665-1100 Fax: (11) 3667-1333

SAC 0800 703-3444

IMPRESSO NO BRASIL
PRINTED IN BRAZIL

Dedicatória

Este livro é dedicado a todos os familiares, amigos, estudantes e colegas que me têm perguntado o que faço para viver e que se mostraram surpresos, inquietos, intrigados e risonhos quando eu respondo: "filosofia política." São tantos, na verdade inumeráveis, mas este livro é de fato minha maneira de dizer "muito obrigado" a todos pelas muitas conversas sensacionais que temos tido pelos anos afora: em mesas de restaurante, em bares, em cafés e em salas de aula. O livro é também um convite aberto a todos no sentido de lerem filosofia política por conta própria, na expectativa de se tornarem também filósofos políticos. Como veremos, tornar-se um filósofo político não é em primeira linha tornar-se membro da comunidade acadêmica, mas é explorar ideias políticas no dia a dia, no que quer que se esteja fazendo.

Meus agradecimentos se estendem a John Mullarkey e Caroline Williams, e a todos na Editora Continuum, especialmente a Sarah Campbell e Tom Crick, pelo estímulo, conselho e apoio (como também pelo elevado nível de paciência), na lenta produção desta obra.

Durante a elaboração deste livro, recebi extraordinária ajuda de especialistas, e de coração agradeço a Anna Cutler, Caleb Sivyer e Margin Larsson, pelos judiciosos comentários e pela crítica construtiva. Anna, Kathryn e Sam continuam sendo minha inspiração. Acima de tudo, seu amor e apoio em me ajudarem a concluir este projeto superaram tudo o que se possa razoavelmente esperar. Na redação deste livro, porém, Robin Cutler foi o vento a insuflar-me as velas. Este livro é dedicado a ti, Robin.

Sumário

1. INTRODUÇÃO: O QUE É POLÍTICA?..9
   O que é política?...12
   Governo, governança e governamentalização..17
   Normas e variedades de filosofia política..20
   O político e a politicização...26

2. AUTORIDADE E LIBERDADE..29
   Autoridade absoluta..31
   Limitações à autoridade..41
   Liberdade individual..48
   Liberdade e vontade geral...50

3. O ESTADO E O PODER..59
   O Estado capitalista..60
   O Estado patriarcal...69
   Três dimensões do poder..75
   O poder e a normalização...79

4. JUSTIÇA E IGUALDADE SOCIAL..83
   A vida boa..83
   Pluralismo de valores..86
   Justiça como equidade...90
   Justiça como posse de um direito...97
   Cuidado e justiça..100
   O retorno do bom...105

5. DEMOCRACIA E ORDEM POLÍTICA...111
   Democracia e desordem...113
   Democracia e o valor da participação política....................................114
   O difícil nascimento da democracia liberal...119
   Da democracia representativa à democracia deliberativa...................121
   Agonismo e ordem política..129

6. CULTURA E CRÍTICA 132
  Cenário dos debates sobre a cultura 132
  O bem primário da filiação a uma cultura 135
  Culturas minoritárias e os direitos das mulheres 140
  Mulheres, cultura e identidade 141
  A fusão dos horizontes 146
  Intersubjetividade e a política do reconhecimento 148

7. CONCLUSÃO: IDENTIDADE, DIFERENÇA E FILOSOFIA POLÍTICA 151
  Críticas feministas francesas da identidade 153
  O problema com o gênero 159
  O desafio da diferença 164
  Diferença em filosofia política 169
  Diferença e filosofia política 173

REFERÊNCIAS 176
ÍNDICE 180

1
Introdução: o que é política?

Em setembro de 2007, o recém-empossado Primeiro Ministro britânico, Gordon Brown, manifestou o propósito de intensificar as consultas públicas e de realizar "um novo tipo de política" (Brown, 2007). Afirmou que "a política antiga," baseada no "debate restrito entre o que fazem os Estados e o mercado," estava corroendo os serviços públicos, as comunidades e as famílias. O governo, dizia ele, requer "a maior amplitude de talentos," com abrangência que não possa ser contida por divisões político-partidárias. A nova administração, prosseguiu ele, teria como objetivo criar uma "política de objetivos comuns," que haveria de ultrapassar os limites partidários e, por isso mesmo, de incrementar as ações de base dos cidadãos. Nos dias e semanas que se seguiram ao discurso, manifestaram-se líderes oposicionistas, críticos, cabos eleitorais e politiqueiros, e se pôde constatar, sem ironia alguma, que o debate apresentava ranços de política partidária ultrapassada. Ainda que de extraordinário nada houvesse, pessoas interessadas em política que não se limitavam a dissecar os últimos pronunciamentos dos "nossos líderes," logo perceberam que o *novo* tipo de política proposto por Brown fazia ecoar temas da história do pensamento político ocidental tão fortemente que se tinha a impressão de que o próprio sentido de "novo" estaria comprometido. Assim, por exemplo, a ideia de que os talentosos deveriam governar para o bem comum tem origem na *República* de Platão, produzida quatro séculos antes de Cristo, documento que se considera a primeira obra de filosofia política na tradição ocidental. E mais, a proposta de ampliar e aprofundar a participação pública na ação política perpassa toda a tradição cívico-republicana de pensamento político, a qual tem raízes nos tempos de Roma. Da mesma forma, a questão da relação entre Estado e mercado (livre) tem dominado o pensamento político desde o início dos tempos modernos, quando mais não seja porque o seu desenvolvimento histórico parece indicar o que se poderia chamar, por ora, um alto nível de coevolução. A defesa de John Locke do direito natural à propriedade privada, no segundo dos *Dois Ensaios sobre o Governo*, e o virulento combate de Karl Marx aos efeitos alienantes da propriedade privada, ao longo de sua obra, constituem pontos de referência, sobejamente conhecidos, desse prolongado debate. Esses exemplos nos fazem recordar que pensar sobre política não pode confundir-se com dobrar os joelhos aos mais recentes pronunciamentos políticos. De fato, pensar sobre política é participar de um diálogo que perpassa mais de dois mil anos. Participar desse diálogo é compreender que a política não se restringe a querelas político--partidárias. Em última análise, procurar entender o que se está dizendo nesse diálogo e nele contribuir pessoalmente é começar a filosofar sobre política. Assim sendo, o propósito deste livro é simples: encorajá-lo, leitor, a participar desse diálogo da filosofia política.

Filosofar sobre política significa pensar além do vaivém cotidiano das opiniões políticas, mas também cabe dizer que a filosofia política precisa manter os pés firmados no solo das questões, movimentos e debates contemporâneos. Em certo sentido, é essa conexão com acontecimentos que estão ocorrendo e o desejo de entender o movimento constante das dunas da nossa vida coletiva que coloca a *política* na filosofia política. Muito embora o discurso de Brown se tenha referido (sem disso dar-se conta?) aos problemas perenes da filosofia política, precisa ser apreciado também como resposta a questões sociais e políticas que teriam deixado perplexas muitas das maiores figuras da história das ideias políticas. A ênfase de Brown no valor intrínseco da comunidade, apesar da rica consonância com escritos de autores clássicos, precisa ser entendida também como resposta aos prementes problemas do presente, que resultam de novos fenômenos, como, por exemplo, o multiculturalismo, as mudanças climáticas e o terrorismo (para lembrar apenas três). É importante, portanto, nos darmos conta de que a filosofia política, ainda que interlocução com os clássicos, é, e precisa ser também, uma troca de ideias com a nossa própria época, nossa situação presente e nosso próprio meio político. A consciência desse fato, creio eu, nos deixará mais à vontade com a ideia de que tenhamos também nós algo a dizer aos nossos interlocutores nessa conversa.

Essa é uma das maneiras de apreciar as riquezas que há no pensamento político *contemporâneo*. Filósofos políticos contemporâneos relacionam novas questões a definições antigas, colocam conceitos antigos sob a luz de novos problemas, criam novos conceitos para novos problemas e fazem muito mais ainda. Temos, como exemplos: o enfoque criativo de John Rawls da teoria da justiça que precisa confrontar-se com as exigências de opções igualmente razoáveis, embora distintas, da vida boa; a intrincada análise de Michael Foucault do modo como as redes de poder operam na sociedade para "disciplinar" e "normalizar" nossa conduta; o trabalho pioneiro de Judith Butler sobre a construção social da diferença sexual. Como se pode observar, a filosofia política contemporânea está viva e bem disposta, defrontando-se com novas maneiras de refletir sobre problemas clássicos, com uma amplitude de novos problemas recém-identificados, além de paradigmas teóricos inovadores.

Mesmo reconhecendo que os filósofos políticos precisam ocupar-se tanto do novo como do perene, ainda assim poderá alegar-se que essa é ainda uma maneira muito abstrata de conceber a tarefa da filosofia política. Retornando aos clássicos por alguns instantes, podemos constatar que, muito embora alguns percebam a filosofia política de maneira, *grosso modo*, platônica, visualizando a filosofia como a plataforma a partir da qual a política precisa ser entendida e conduzida, também há aqueles de impulso mais maquiavélico, os quais tenderiam a afirmar que convém encarar a política sem a perturbadora e perigosa distração de filosofar sobre verdades eternas e "repúblicas imaginárias." Para o filósofo político "realista," a tarefa consiste simplesmente em evidenciar como a vida política funciona, em vez de tentar mostrar como deveria ser. O enfoque platônico da filosofia política, poderia alegar-se, subordina a política à filosofia; o realismo de Maquiavel, por outra parte, destrona a filosofia em nome do pragmatismo político. Abordando esse tema, que à vista de suas implicações profundamente complicadas não tornarei a discutir seriamente neste livro, gostaria de prevenir contra conceber-se a relação entre política e filosofia como sendo a de uma hierarquia, pouco importando qual delas seja colocada no topo. Embora aceitando que os filósofos políticos devam de fato investigar a natureza filosófica da política, ainda assim devemos reconhecer que eles precisam ocupar-se também de como a vida política influencia a natureza das questões filosóficas que levantamos. Assim sendo, podemos afirmar que refletir sobre a *relação* entre "verdades (alegadamente) eternas da vida política" e a "vida política de verdades (que podem ser ou não) eternas" é fundamental *o que fazemos* quando nos dedicamos à filosofia política. Em resumo, a filosofia política constitui-se em negociação entre as exigências (muitas vezes conflitantes) de filosofar sobre a vida política e de politizar essas próprias exigências filosóficas. É o vaivém dessa negociação que proporciona a ligação subterrânea à corrente de definições conceituais, debates e pensadores que aparecem ao longo do livro, uma corrente que procura trazê-lo à praia dos imensos oceanos da filosofia política.

O QUE É POLÍTICA?

Para começar com essa questão espinhosa, encaramos política como um tipo de atividade humana, como algo que nós, seres humanos, fazemos. Com certeza poder-se-á contestar essa posição. Por exemplo, pode ser que alguns dos primatas mais desenvolvidos também apresentem o que poderíamos chamar de comportamento político (de Waal, 1982). Pode também ser que, em geral, a natureza possua valor intrínseco e como tal "apresente exigências" quanto à maneira de nos comportarmos, de forma que tenhamos o dever de respeitar a natureza – particularmente para assegurar a sobrevivência – não só para o nosso proveito próprio, mas porque a natureza em si é merecedora desse respeito (Naess, 1989). Essas são questões importantes, que, sem dúvida, têm produzido uma quantidade respeitável de filosofia política inovadora. De momento, porém, podem ser postas de lado para que possamos enfocar a dimensão humana da política. Afora isso, quando tivermos compreendido alguns dos principais pressupostos humanistas que impulsionam a filosofia política, estaremos em melhores condições de questionar e testar tais pressupostos. (Haverá traços dessa matéria ao longo do livro, quando se questionar, em especial, a ideia de haver uma "natureza humana" que se possa definir.)

Se concebemos política como atividade humana, que espécie de atividade será? Em primeiro lugar, nós visualizamos política como algo que fazemos em conjunto. Estando o indivíduo sozinho, na ilha deserta que tantas vezes imaginamos, dele não se diria que pudesse estar envolvido em atividade política, porque, simplesmente, não teria com quem interagir. Política, ao que tudo indica, requer duas pessoas ao menos. Isso posto, nem toda interação humana constitui o que tipicamente entendemos como atividade política (a presença de duas pessoas, portanto, é condição *necessária*, porém não *suficiente* para a existência de atividade política). Entretanto, apenas para dar uma indicação do quanto filósofos políticos tendem a divergir, ao apresentar o assunto dessa maneira já estou divergindo de uma formulação de Adrian Leftwich. De acordo com Leftwich, "a política constitui um aspecto universal e difuso do comportamento humano e que ocorre sempre que dois ou mais seres humanos estejam engajados em alguma atividade coletiva, quer seja ela formal ou informal, pública ou privada" (2004: 100). Quero crer que a lista de outras formas, não políticas, de atividade humana coletiva seja bastante longa, incluindo, por exemplo, a arte, a doação de presentes, o amor, as "relações sexuais" (para usar a frase que Bill Clinton manchou para sempre), o culto, os esportes, a construção, e assim por diante. Não está claro, portanto, que duas pessoas em alguma imaginária ilha deserta estariam *necessariamente* envolvidas em atividade política. Ainda assim, se imaginarmos que estejam envolvidos em atividade política, teremos que perguntar que tipo de interação deveria ser para consistir em interação *política*. Geralmente imaginamos que resultaria política quando os dois ilhéus tivessem de acertar algum conflito de interesses. Poderiam estar divergindo quanto à melhor maneira de distribuir os recursos da ilha, ou sobre a forma de repartir a ilha para que cada um pudesse considerar sua uma das partes. Ao surgirem divergências assim, vamos dizer que a solução dos problemas envolvidos será, muito provavelmente, o resultado de uma atividade que costumamos caracterizar como política – por exemplo, de algum debate e discussão sobre como deveriam resolver o seu choque de interesses.

Precisamos, porém, tomar cuidado, mesmo com essas observações preliminares. Podemos imaginar várias maneiras de solucionar disputas, entre as quais estão a violência, o jogo de "cara ou coroa", ou talvez adivinhar a solução a partir das entranhas de um animal. Atividade política, ao que parece, é um modo particular de alcançar consenso onde há divergência com impacto sobre outras pessoas. Supõe que os envolvidos – inclusive os nossos ilhéus da ilha deserta – não estejam apenas procurando satisfazer seus interesses imediatos, mas estejam engajados num processo que visa a estabelecer um conjunto de normas e padrões que ajude a resolver disputas futuras. Esse enfoque da natureza da política está muito bem apanhado na definição de Bernard Crick: "Política é a atividade pela qual interesses divergentes no âmbito de uma unidade de governo podem ser reconciliados pela atribuição de participação no poder, em medida proporcional à sua importância para o bem-estar e a sobrevivência de toda a comunidade" (1964:21). Embora se tenha aí o reconhecimento da necessidade do "bem-estar" e da "sobrevivência" de "toda a comunidade," está]evidente a suposição de Crick de que se faz política quando ocorrem divergências e conflitos, e que a política consiste na arte de resolver esses conflitos de forma apropriada, ou seja, sem recorrer à violência ou tirania.

Dito isso, precisamos tomar cuidado para não supor, apressadamente, que a política tenha a solução de conflitos como razão de ser. Não será a política um empreendimento muito mais cooperativo, de forma que a atividade política seja antes e acima de tudo uma maneira de conjugar grupos de pessoas com interesses comuns? Ao invés de pressupor divergência e conflito, pode ser que a melhor maneira de pensar a política seja a busca do bem comum. Pode ser que os nossos dois ilhéus da ilha deserta se dediquem à política por entenderem que ambos consideram muito valiosa a liberdade e que, desde logo, foi isso que os trouxe à ilha. A tarefa política, portanto, não consiste primordialmente em resolver alguma divergência relativa a recursos, mas visa a expressar o seu sentido comum da "boa vida", da maneira mais rica e completa. Esse é um enfoque que reúne uma variedade de pensadores políticos, desde Aristóteles e Jean-Jacques Rousseau até Hannah Arend. Na filosofia política recente, pensadores de tendências comunitárias têm defendido essa noção com o maior vigor. No poderoso artigo "A República do Processo e a Mente Liberada" (1984), Michael Sandel argumenta que a presunção individualista liberal de que sejamos seres que divergem com respeito ao que, em última análise, é valioso em nossa vida coletiva e quanto ao aparato legal que compreende o direito do indivíduo à sua própria versão da vida boa, na verdade produziu uma cultura política distorcida e fragmentada, especialmente nos Estados Unidos, que é incapaz de expressar os laços mais profundos que (precariamente) a mantém unida. Nessa perspectiva, política é uma atividade que pressupõe não divergência, mas cooperação e a busca da "boa vida", na qual podem alistar-se todos os cidadãos.

Essa divisão entre conflito e cooperação não esgota nosso jeito de pensar sobre a política. Não se pode escamotear que chegamos a essas definições preliminares de política por meio de um processo de raciocínio exposto à controvérsia. A constatação, aparentemente óbvia, de que política supõe ao menos duas pessoas – que estejam em acordo ou divergindo entre si – foi estabelecida com a ajuda de um exemplo bastante abstrato, a ilha deserta. Evocando, porém, os comentários iniciais sobre a relação entre política e filosofia, precisamos dar-nos conta do perigo de dependermos excessivamente de tais abstrações nada reais. Para começar, escamoteamos o fato de que os indivíduos na ilha deserta são seres políticos desde sempre. É assim porque precisamos supor que sejam capazes de negociar até chegarem a um acordo sobre os seus recursos e outras prioridades: uma habilidade de negociar que pressupõe que os indivíduos em questão já estejam imbuídos de uma longa lista de capacidades, atributos, valores e cuidados, a maioria dos quais involucrados na linguagem que usam. A linguagem, com certeza, não é um veículo neutro de informações, mas é "desde sempre" (para usar uma expressão preferida dos filósofos políticos pós-modernos) portadora de ideias e preconceitos. Por conseguinte, nossos ilhéus imaginários já estão politizados, mesmo antes de começarem a negociar a respeito das normas da sua interação, *independentemente* de o ser na base de conflito ou de cooperação. Nesse sentido, eu divirjo de Leftwich também quando afirma que "somente um tipo como Robinson Crusoé está remoto da política" (2004:100), em razão de que mesmo Robinson Crusoé havia absorvido muitos preconceitos e predileções antes de chegar à ilha como náufrago. Pode haver muitos tipos de interação humana, das quais a política é uma espécie apenas, mas também é verdade que nós já somos sempre seres políticos quando lidamos uns com os outros.

Não há contradição entre essas duas assertivas. Nem toda interação humana é política *per se*, mas em razão de sermos desde sempre seres políticos (em muitos sentidos, mas acima de tudo pela linguagem que usamos), tudo o que fazemos tem condições, em princípio, de ser politizado. Assim, por exemplo, nossos ilhéus da ilha deserta podem ter a felicidade de encontrar na praia uma bola de tênis trazida pelas ondas. Cabe supor que possam jogar a bola um para o outro de maneira que não represente atividade política. Com certeza, se um deles jogar a bola de forma que possa danificá-la, poderão decidir-se a empreender uma discussão política sobre esse precioso impasse. Nessa altura, jogar a bola tornou-se uma questão política, e eles, sem dúvida, vão recorrer aos seus valores e interesses intrínsecos para garantir uma solução ao problema, o que não significa que a ação inicial ou mesmo a ação subsequente de jogar a bola tenha de ser descrita como interação política.

Outra questão relativa à representação da política a partir da imagem da ilha deserta pode esclarecer o que está em jogo nesse delicado equilíbrio entre a natureza universal e particular da interação política. Que imagem tens na mente quando representas os ilhéus da ilha deserta? Atrevo-me a dizer que a maioria dos leitores (se forem parecidos com os estudantes com os quais tenho discutido a matéria em seminários) supõe que ambos os ilhéus sejam do sexo masculino. Isso se explica, em parte, pela penetração cultural das personagens de Robinson Crusoé e do homem Sexta-Feira. Ainda assim, se estamos imaginando que sejam homens, existe a perigosa possibilidade de que um conjunto significativo de pressupostos relativos ao sexo esteja incorporado ao nosso ponto de partida alegadamente neutro e abstrato. Isso não é uma questão menor, visto que muitas das abstrações basilares no pensamento político – destacando-se a ideia do estado natural (Capítulo 2) – estão baseadas numa série de preconceitos relativos às formas masculinas de atividade e raciocínio (Coole, 1993). Acima e além de preconceitos e preferências pessoais incorporados ao nosso uso da linguagem, por exemplo, poderá haver ideias entrincheiradas profundamente em nossa visão do mundo, a ponto de constituírem parte da *estrutura* de uma determinada sociedade. A linguagem é, sem dúvida, um dos principais portadores de tais aspectos estruturais da nossa identidade, e tudo indica que embora usemos a linguagem para expressar nossos pensamentos a respeito uns dos outros e do mundo (e podem ser pensamentos políticos), os próprios pensamentos decorrem, em boa medida, dos alicerces e das estruturas que determinam quem pensamos que somos. O exemplo da ilha deserta pouco contribui para esclarecer essa dimensão estrutural da nossa interação política. (A propósito, estás supondo que os ilhéus da ilha deserta sejam adultos? O que se passa se forem crianças? Que tal se Robinson Crusoé fosse negro, deficiente ou transexual? Ou tudo isso ao mesmo tempo e mais ainda?)

Na verdade, a pretensão de definir política por meio do exemplo da ilha deserta constitui uma tentativa de privilegiar certa concepção da vida política: a concepção de que política tem a ver com interações de pessoas "maduras" (e racionais). Entretanto, se considerarmos a linguagem e a cultura, então as nossas concepções de sexo, fisicalidade, sexualidade e muitas outras mais precisam ser reconhecidas como fenômenos desde logo políticos, e se torna problemático afirmar que interação política seja simplesmente o que se passa entre os indivíduos. Ainda que a política ocorra entre pessoas, tudo indica que ocorra também "pelas costas" desses indivíduos. Podemos perceber agora que política tem a ver não só com discordâncias sobre se política trata da resolução de conflitos ou da cooperação em prol de valores comuns, mas tem a ver com quem somos: será que "nós" somos *agentes* individuais em controle dos próprios interesses, desejos, valores, costumes, e assim por diante, ou será que "nós" somos indivíduos profundamente moldados pela maneira como essas coisas são transmitidas em termos da prática e *estrutura* social.

Em torno dessas observações introdutórias pode consolidar-se agora um dos problemas centrais da filosofia política. O problema que há em tentar compreender política é que as definições que estabelecemos tendem a trazer de contrabando pressupostos que são, eles próprios, politicamente questionáveis. Dito de outra maneira, o jeito de se definir política tende a apresentar, também ele, uma dimensão política. Em termos mais fortes, a própria definição de política é necessariamente política. À medida que examinarmos diferentes conceitos, teorias e pensadores, veremos como esse problema se manifesta. Entretanto, para começar, faz bem saber que, ao divergirem sobre qualquer coisa, muitas vezes filósofos políticos estão divergindo sobre como definir política (ainda que não o declarem expressamente).

Temos agora maior clareza quanto à definição de política? Talvez não, muito embora tenhamos avançado bastante no sentido de uma compreensão mais clara de um dos problemas centrais da filosofia política. Este será um tema recorrente do livro: em filosofia política, estamos sempre lutando por soluções definitivas para os problemas que levantamos, mas a luta (geralmente) vale a pena porque nos força (em última análise) a levantar perguntas mais pertinentes acerca de nós mesmos e do mundo em que estamos morando. Dito isso, independentemente de se priorizar ora o conflito, ora a conciliação ou a cooperação, ou ainda a decisão coletiva, podemos perceber que política tem algo a ver com a maneira como somos *governados* por *normas*. Além disso, quer essas normas sejam alcançadas mediante o consenso de agentes mais ou menos racionais, quer estejam imbricadas profundamente em estruturas sociais como a linguagem, política é uma modalidade de atividade humana que resulta, ou se expressa em *interação humana governada por normas*. Filosofia política é a tentativa de compreender a natureza e o valor de tal interação regida por normas. Retornaremos às normas mais adiante nessa introdução. Antes disso, daremos um outro passo para chegar a perguntas mais pertinentes sobre política, ao refletirmos sobre o que significa *governar*.

GOVERNO, GOVERNANÇA E GOVERNAMENTALIZAÇÃO

"Governar" é um verbo que tem vários sentidos, dependendo do contexto em que é usado. Significa geralmente uma forma de controle ou influência sobre uma pessoa ou um povo no âmbito de um território com vistas a orientar a conduta da pessoa ou do povo no âmbito desse mesmo território. Podemos evocar a figura das "governantas" da época vitoriana, e de como se lhes confiava a educação e disciplina das crianças sob seu cuidado no lar.

O termo "governo," da mesma forma, tem um sentido amplo. Pode significar:

a) a atividade de governar;
b) o nome que damos aos que nos governam;
c) o termo que usamos para o aparato ou a maquinaria da organização investida de autoridade para governar.

No uso da linguagem comum, o contexto em que a palavra é empregada discerne de maneira bem direta esses diferentes sentidos. Podemos discernir:

a) "o governo do país está confiado ao Partido do Trabalho";
b) "o Partido do Trabalho é o governo"; e
c) "o Partido do Trabalho está no governo".

Ainda que haja mérito na clareza analítica, especialmente no mundo fluido e cambiante da política, protesto que há boas razões para se manter essa fluidez terminológica relativa a "governo." Entretanto, salta aos olhos que a ideia de governo, fluida e expansiva como é, não abrange tudo o que é expresso pela ideia de política como interação humana regida por normas.

Encontramos um exemplo disso quando prestamos atenção às tendências atuais na política democrática liberal. Nos últimos anos, testemunhamos o crescimento de novas formas de governança, formas que não dependem estritamente de atividade de governo (ainda que intimamente relacionada com o mesmo). Reconhecendo que a distinção entre Estado e sociedade civil tem sido descaracterizada cada vez mais nas democracias liberais contemporâneas, cumpre esclarecer que um determinado território (por exemplo, uma nação-Estado, assembleia legislativa regional, região subnacional ou território supranacional) é governado de maneira que o termo "governo" por si só não abrange. Podemos lembrar parcerias público-privadas, novas formas de gerenciamento do setor público com sua ênfase em responsabilidade para com organismos não governamentais,[*] relativamente autônomos, e novas formas de redes de ação que apenas mantêm tênue relação com o governo do momento. Rod Rhodes (1996) analisou a crescente formação de "redes interorganizacionais

---

[*] N. de T.: O termo *quango* usado no original é o acrônimo de *quasi non-governmental organisation*, que se usa no Reino Unido, na Irlanda e na Austrália para designar, em linguagem coloquial, organizações às quais o governo conferiu poder; a denominação oficial é NDPB, acrônimo de *non-departmental public body*, conforme esclarece a *Wikipedia*.

auto-organizadas", que agora constituem parte integrante da governança do país, e evidencia de forma convincente que essas redes, à medida que se tornam mais autônomas, resistem à "orientação central" do governo. Assim sendo, cada vez faz mais sentido comentar a possibilidade de "governança sem governo" (1966: 667). Com certeza, é conveniente distinguir o aparato formal do governo (e a atividade dos que nos governam) das muitas maneiras como nossas vidas são governadas pelo estabelecimento de normas que não decorrem necessariamente do "governo central." Ao que tudo indica, a governança nos ajuda a enfrentar a amplitude da tarefa que se nos depara ao tentarmos descrever a natureza da política.

Fazendo uso de uma perspectiva histórica mais remota para enfocar a relação entre governo e governança, Michael Foucault (1997, 1991, 2004) apresenta uma imagem diferente de governança ao contextualizar esses fenômenos no âmbito de um processo mais amplo e profundo que, segundo sustenta, teria acompanhado o nascimento das democracias liberais. Refere-se ao mesmo como processo de "governamentalização." Apesar de soar estranho aos nossos ouvidos, o termo "governamentalização" é o guarda-chuva de Foucault para o modo como a atividade de governo tem sido transformada desde o nascimento das democracias ocidentais modernas. Sua tese é, em síntese, que a arte de governo sofreu uma série de mudanças na Europa em torno do século XVI. Na Antiguidade, governo significava acima de tudo as tramas maquiavélicas dos que estavam no poder (as alianças, a negociação de votos, a duplicidade, e assim por diante) a que, via de regra, nos referimos como formas de "razão política," ou o que se diz em francês *raison d'État*. Com a eclosão da modernidade e da imensa transformação social que trouxe consigo, a atividade de governo passou a tratar menos de rivalidades internas e tratados das elites e mais do controle da população. O surgimento do capitalismo moderno acarretou rápido crescimento da população e movimentos populacionais sem precedentes, principalmente do interior para as cidades. Isso, de acordo com Foucault, exigiu uma nova maneira de pensar acerca de governo, uma nova forma de "governamentalidade" (de governo e mentalidade). Essa nova forma foi incorporada, essencialmente, ao conjunto de ideias que hoje costumamos chamar "governo liberal." Enquanto relatos tradicionais do surgimento do liberalismo acentuam os direitos dos indivíduos contra as hierarquias feudais, conforme expressas nas pretensões de parlamentos diante de monarquias, Foucault sustenta que a ideia liberal de direitos não foi tanto um meio de assegurar liberdade, e foi antes um meio de garantir que indivíduos fizessem o trabalho do governo, governando a si próprios, por assim dizer. O liberalismo, para Foucault, acarretou a "governamentalização" de todas as nossas vidas, de tal forma que como indivíduos somos induzidos a nos governarmos continuamente (visto que a quantidade de pessoas que precisam ser governadas é tão imensa que o governo não consegue simplesmente impor sua vontade ao "povo.") De acordo com Foucault, portanto, regimes liberais são os que se definem não pelas liberdades que abrigam, mas antes pelo fato de instilarem nos indivíduos um senso de liberdade que age como mecanismo para disciplinar um populacho heterogêneo a governar a si próprio. Consequentemente, não há necessidade do aparato tradicional de governo para bem gerir um país.

Um exemplo famoso que ele apresentou desse processo em andamento é o uso crescente da vigilância na sociedade (Foucault, 1977). Justifica-se a mesma em nome do direito à liberdade de movimento e pela necessidade de segurança; na verdade, porém, a vigilância nos leva a censurar nossa própria conduta para o caso de sermos "apanhados pela câmara." Um indivíduo bem disciplinado, que tenha internalizado a necessidade de portar-se assim como deveria, não carece de forte ação do governo sobre si. Enquanto nós, indivíduos, vemos os direitos como meios de proteção, de acordo com Foucault, os mesmos representam parte de um complexo aparato social destinado a nos disciplinar a uma atividade humana "normal." Por essa razão, o governo efetivo da nossa própria sociedade não está ocorrendo nem mediante a maquinaria do Estado, nem por meio de novos espaços institucionais conquistados desde os anos de 1980. Estamos sendo governados onde quer que estejam nos disciplinando a aceitar as normas da sociedade: nas nossas escolas, nas universidades, nos hospitais, nas prisões, nos lares – e, em termos cruciais, por nós mesmos, "em nossas próprias cabeças".

Como estamos vendo, ao refletir sobre as nuances de governar e governo, retornamos ao conceito de norma e à ideia de que política é interação humana governada por *normas*. Mas o que é uma norma? E como é que distintas respostas a essa pergunta determinam distintos enfoques da tarefa da filosofia política?

NORMAS E VARIEDADES DE FILOSOFIA POLÍTICA

Para a teoria social ou política, norma é um padrão de comportamento ou conduta apropriada, é um princípio que exerce autoridade sobre as pessoas a quem se aplica no sentido de lhes regular a atividade. As normas, claro, estão por toda parte em nossa vida pessoal, social, econômica e política. Pode ser que nem sempre estejamos cônscios delas, mas bem logo, ao transgredir qualquer uma, perceberemos o seu poder de regular as nossas vidas. Apresentar-se no trabalho de *jeans* e camisa polo no dia da grande reunião de finanças, seria visto em certas empresas como quebra da norma relativa ao código de decoro no vestir e poderia desencadear até mesmo advertência formal e ação disciplinar. Quando normas são expressas no aparato legal, as consequências de quebrá-las poderão ser ainda mais graves, a ponto de levar à morte. A preocupação principal é, portanto, se as normas que, segundo consta, as leis estariam expressando, são ou não moralmente justificáveis (considerando a possível severidade das consequências, precisamos ter boas razões para aplicar todo o peso da lei em quem as transgredir). De acordo com a tradição da lei natural na filosofia política (inclusive em Locke, por exemplo), as normas que deveriam vir expressas em nossas leis são preceitos de moralidade que todas as pessoas racionais reconheceriam como parte da natureza humana (que, de acordo com Locke, por exemplo, resulta da dádiva divina, à humanidade, de liberdade, igualdade e independência). Não causa surpresa que coincidam significativamente a teoria política e a teoria do direito, visto que ambas conferem destaque às normas que dirigem nossa conduta. Afora isso, não são coextensivas essas áreas de conhecimento, visto que as normas que prendem o interesse dos autores de teoria política não são apenas aquelas expressas em leis (sendo a política, portanto, de escopo mais abrangente que o direito).

A teoria política é definida, muitas vezes, como um conhecimento explicitamente normativo, cuja missão consistiria em explicar e avaliar as normas que determinam nossa interação. O que chamamos, sucintamente, filosofia política normativa é a avaliação dos padrões subjacentes em nossa conduta governada por normas, uma avaliação que verifica se esses são os padrões *corretos* para a vida pessoal e coletiva. É essa concepção de filosofia política que determina os debates acerca da natureza da igualdade, liberdade, justiça, soberania, e vários outros conceitos normativos fundamentais. Podemos, por exemplo, ter a esperança de fundamentar nossa vida coletiva em padrões que englobam nossa liberdade e igualdade. O filósofo político normativo, porém, pergunta o que precisamente queremos dizer com isso. Somos livres quando somos deixados por nossa própria conta, e somos iguais apenas no sentido de termos todos a mesma quantidade de liberdade? Ou somos livres somente quando controlamos nossas vidas de modo a impedir diferenças significativas em poder econômico? Será preciso reconhecer a herança cultural da pessoa, necessariamente, para assegurar-lhe a igualdade, ou convém antes encarar a cultura como um obstáculo que seres livres sempre podem, ao menos em princípio, transcender? São perguntas dessa espécie que, no meio acadêmico do nosso tempo, ocupam a filosofia política predominante. De fato, para alguns filósofos políticos, tão somente a avaliação normativa deveria ser considerada filosofia política. Ficará evidenciando que não é essa a posição que estou adotando neste livro, mas que prefiro abraçar o que podemos chamar, com uma pontinha paradoxal, "uma elaboração filosófica não normativa de normas". Discutiremos mais sobre isso adiante.

Enquanto a filosofia política normativa mantém estreita relação com a teoria do direito, podemos também perceber que (tipicamente) filósofos políticos normativos percebem o próprio trabalho como modalidade específica de um empreendimento no âmbito abrangente da filosofia *moral e ética*. Muito embora haja exceções (é notório que a revisão de Rawls [1993] dos pressupostos norteadores de sua teoria da justiça o levaram a formular o que denominou liberalismo político, contrapondo-se explicitamente à ideia de que a teoria da justiça precisa estar baseada em filosofia moral abrangente), a exigência normativa no âmbito da filosofia política normativa geralmente é vista como a tarefa fundamental da labuta nessa área do conhecimento. O que está certo em termos das normas de interação social é, em geral, considerado uma modalidade da coisa certa a ser feita. A partir de suas teorias morais, os teóricos políticos normativos procuram englobar padrões justificáveis de conduta em modelos institucionais de governo, perguntando: Como deveria um Estado ser governado de acordo com preceitos morais? Será possível destilar dos imperativos morais um conjunto de imperativos que possam ser incorporados em constituições políticas? Que leis deveriam ser elaboradas para proteger e ressaltar os princípios morais e éticos que se consideram mais importantes? Essas questões representam as preocupações características que polarizam a maior parte da filosofia política contemporânea.

A teoria política normativa tem como forma predominante a teoria liberal da justiça, e aí se destaca a figura de John Rawls. Já se tornou quase que um truísmo afirmar que a publicação de seu livro *Uma Teoria da Justiça* (em 1971 nos Estados Unidos, em 1972 no Reino Unido) modificou o Estado, até então moribundo, da teoria política e insuflou nova vida nessa área do conhecimento que tanto havia sofrido em mãos da ciência social behaviorista. Ainda assim, como em todos os truísmos, também nesse há um grão de verdade, e isso se reflete no fato de que a maioria das publicações de teoria política normativa ainda (quarenta anos depois) toma a obra de Rawls como ponto de referência principal. De acordo com Rawls, "justiça é a primeira virtude das instituições sociais," e isso significa que, sem prejuízo a outros requisitos que estabelecemos às instituições políticas que incorporam nossas normas de interação social, precisam elas antes e acima de tudo ser justas. Como veremos adiante, isso significa para Rawls que as normas precisam ser aprovadas por todos com base em processo equitativo de tomada de decisões, no qual ninguém tenha poder ou influência excessiva sobre qualquer outro. É por amor à justiça que ele se refere à "justiça como equidade," visto que um ponto de partida equitativo e um processo equitativo produzirão normas que serão equitativas para todos. Vamos ver adiante (Capítulo 4) como essa pretensão, aparentemente ousada, é desenvolvida por Rawls e como foi que produziu tanta discussão. Por enquanto basta reconhecer que o enfoque de Rawls pressupõe que a filosofia política tenha como incumbência providenciar normas moralmente justificadas a serem incorporadas em nossas instituições e constituições políticas.

A ênfase nas normas que nos determinam a interação social, no entanto, não provoca apenas a questão de elas serem ou não moralmente justificadas. Para muitos filósofos políticos, as normas precisam ser entendidas a partir não de um ponto de vista moral, mas como elementos da nossa vida social que nos condicionam a agirmos "normalmente." Em outras palavras, a norma consiste simplesmente em forma de impor a cada um a concepção predominante do que alguns somente consideram comportamento normal. Postas as coisas nesses termos, as normas expressas por meio de estruturas sociais, políticas e legais de um país podem ser, antes e acima de tudo, mecanismos de controle. Em vez de serem meios de assegurar uma ordem política legítima, podem elas ser acima de tudo formas de garantir a ordem de modo tal que a legitimidade que (alegadamente) deriva da filosofia moral esteja simplesmente acobertando a ordem social que sustentam.

Surge então a pergunta: Admitindo-se que assim seja, a quem interessa que essas normas sejam mantidas? É famosa a resposta proporcionada pela tradição marxista de pensamento político: as normas integram uma ampla estrutura ideológica que distorce a realidade a serviço de interesses econômicos subjacentes. No caso das democracias liberais contemporâneas, por exemplo, servem para mascarar a vida real das pessoas de forma a satisfazer aos interesses do capitalismo. Assim, por exemplo, as normas relativas à aparência, que parecem dominar a mídia de hoje, servem para sustentar uma imensa indústria de cosméticos que produz lucros fantásticos para os acionistas dessas companhias. Do ponto de vista marxista, poder-se-ia argumentar que os cosméticos são vendidos com base na "beleza," "autoestima," e "poder" para mascarar a realidade do lucro fácil das corporações que estão por trás dessas pseudorracionalizações da legitimidade da indústria. De modo semelhante, a estrutura legal e política dos Estados liberais modernos serve para sustentar os interesses do capitalismo pela manutenção do meio em que as indústrias como as dos cosméticos medram, e mediante uma miríade de instrumentos ideológicos que ocultam a real miserificação dos trabalhadores que os capitalistas precisam explorar para obter lucro. Conforme declarou Alex Callinicos (2004): "As lutas e instituições políticas resultam e se podem entender somente à luz dos conflitos básicos do todo social. Esses conflitos são engendrados em termos do que Marx denominava as forças e relações de produção" (55). Por essa razão, a filosofia política normativa predominante não só deixa de fazer sentido (por não enfocar os fatores econômicos básicos que determinam as normas políticas), mas é *ela própria* uma peça do aparato ideológico que tão eficazmente nos torna cegos para essa (dita) realidade. Como observa Callinicos: "Qualquer análise da política que desprende os aparatos de poder estatal de seus 'fundamentos reais' nas forças e relações de produção só pode oferecer entendimento parcial e unilateral" (60). Do ponto de vista marxista, a tentativa de fundamentar a idoneidade moral das normas e a correspondente relação hierárquica entre filosofia política e moral constitui um desses enfoques parciais. Na verdade, considerando que desavenças políticas são desavenças de classes e que um corpo social pós-capitalista seria uma sociedade sem classes, o marxismo é descrito como "teoria da abolição da política" (62).

Pode ser, porém, que a versão marxista não seja a melhor maneira de se pensar sobre a relação entre normas e ideologia. Não sendo as normas distorções ideológicas da realidade, e sendo as ideologias em geral apenas constelações de crenças, a construção política de normas será apenas o compromisso permanente alcançado por participantes políticos de distintas convicções ideológicas. Pode ser que as *ideologias* (observe o plural) sejam as lentes pelas quais enxergamos o mundo político – seja ele liberal, conservador, democrático, republicano, marxista, feminista, ou que o valha – e pode ser que as ideologias sejam elementos relativamente permanentes da vida política, pelo menos para nós modernos. Esse conceito mais equilibrado de ideologia se harmoniza com nossos pressupostos comuns relativos à atividade político-partidária, na qual o partido político representa uma concepção ideológica, sendo uma mais, outra menos legítima. Se assim considerarmos as ideologias, então a filosofia política não estará tratando de expor a realidade ocultada pela ideologia capitalista (observe o singular) e nem de encontrar o ponto de vista moral apropriado que demonstrará definitivamente que uma concepção é superior às outras. Ao contrário, a noção de política como contestação ideológica nesse sentido, de acordo com Michael Freeden (1996), não deveria ser reduzida à filosofia política normativa, porque a ênfase em modelos rígidos de justificativa e coerência deixa de apanhar as riquezas que se encontram em analisar as perspectivas ideológicas de pessoas reais engalfinhadas em discussão política real, muitas vezes desordenada e confusa. E, por outro lado, conceber as ideologias políticas como matéria da filosofia política traz consigo o benefício, conforme Freeden, de nos ajudar a localizar as obras de filósofos políticos nos terrenos ideológicos, ao invés de supor que o aparato acadêmico e a linguagem técnica da maioria das obras de filosofia política simplesmente os livra de conexões ideológicas. O esforço de Freeden de abrir um espaço para o estudo de ideologias como objetivo da filosofia política é, sem dúvida, um modo interessante de responder às complexidades da vida política como interação social governada por normas, sem recorrer ao reducionismo que tantas vezes caracteriza a filosofia política normativa, ou à problemática pretensão à realidade que sustenta teorias marxistas de ideologia. Resta esclarecer, porém, se a versão de Freeden considera com suficiente profundidade as maneiras como as lentes ideológicas que usamos nos são construídas pelas estruturas sociais subjacentes que tantas vezes condicionam nossa experiência do mundo político. Nesse sentido, poderá representar um enfoque de filosofia política insuficientemente crítico.

Uma alternativa desafiadora para o pensamento relativo à constituição de normas, que venha a ocupar uma posição intermediária entre as concepções marxista e neutroanalítica, poderá ser construída mediante retorno a Foucault. Observamos acima que Foucault analisou as democracias liberais contemporâneas como uma modalidade de governo que melhor se compreende não como encarnação de normas moralmente justificáveis, mas como uma série de instituições que desenvolvem técnicas de normalização que disciplinam os indivíduos ao "autogoverno." De acordo com Foucault (1977), portanto, a norma é o instrumento que coage as pessoas ao tipo de comportamento "normal" que habilita o governo a gerir populações cada vez maiores e multidimensionadas. A norma é um instrumento de *normalização*, e, para que seja eficaz, precisa ser secretada pelo mundo social afora:

> Os juízes da normalidade estão em toda parte. Encontramo-nos na sociedade do professor-juiz, do médico-juiz, do educador-juiz, do assistente social-juiz; neles está baseado o reino universal do normativo; cada pessoa, onde quer que se encontre, sujeita-lhe o corpo, os gestos, o comportamento, as atitudes, os sucessos. (1977:304)

Como podemos observar, para Foucault, a abrangência do político compreende nossos corpos. O modo como caminhamos, o modo como saudamos alguém, a postura que assumimos em reunião são todos resultado de processos sutis de normalização, de acordo com Foucault. À luz disso, a filosofia política deveria procurar examinar como essas normas são construídas, os limites do que é normal, e como o transgredir definições de normalidade pode expor normas das quais até então não nos tínhamos dado conta. Uma maneira de reunir tudo isso é afirmar que a filosofia política (nessa teorização não normativa do mundo das normas) é uma área de conhecimento que visa a politicizar o âmbito do que é político.

O POLÍTICO E A POLITICIZAÇÃO

Consideremos esta passagem reveladora de Simone de Beauvoir em *O Segundo Sexo*:

> Um homem jamais se meteria a escrever um livro sobre a situação peculiar do macho humano. Eu, no entanto, se pretendo me definir, preciso começar dizendo: "Eu sou uma mulher..." A relação entre os sexos não é como a que existe entre polos elétricos, pois o homem representa tanto o positivo como o neutro, conforme indica o uso comum de homem para designar o ser humano em geral, enquanto a mulher representa apenas o negativo, que se define por critérios delimitadores, sem reciprocidade. (1972:15)

Foi essa insistência de que as mulheres antes de qualquer coisa se definissem como mulheres que bloqueou seu ingresso no mundo político há até pouco tempo nas democracias liberais ocidentais (pouco expressivo ainda em escala global). O poder difuso das normas patriarcais dominou as vidas das mulheres por muitos séculos, impedindo-as de obter acesso político; elas foram excluídas do mundo "neutro, mas masculino" da racionalidade pública pelo fato de terem começado a declarar sua particularidade e emocionalidade como mulheres. Convém lembrar que as mulheres tiveram de redefinir o próprio espaço do que é político para a ele conseguir acesso, e que o terreno dito político precisa também tornar-

-se objeto de crítica política. O que é político não pode estar isento de ser politicizado, isto é, redefinido. O mundo político, portanto, não pode permanecer circunscrito a um conjunto de problemas (segurança, tributação, e assim por diante).e deixado como está: a política às vezes tem a ver com redefinições decisivas do que efetivamente representa um problema político. As mulheres, por exemplo, tiveram que redefinir o que se entende por política para obter acesso a esse terreno e também para que as questões pertinentes às suas vidas possam ser tratadas como dignas de serem incluídas no âmbito dos comportamentos governados por normas. Em suma, o que consideramos "mundo político" sofreu e, sem dúvida, continuará sofrendo momentos transformadores, nos quais questões até então não políticas são politicizadas à medida que pessoas e grupos expõem os efeitos do poder sobre as suas vidas.

Intervenções feministas no mundo político têm trazido à luz o fato de que muitas vezes não nos damos conta das normas que governam nosso comportamento. Fazendo uma analogia com a linguagem, poderíamos dizer que o mundo político está eivado de "normas mortas", assim como a nossa linguagem de todos os dias está infestada com "metáforas mortas." Quando falamos de ramificações do governo, entendemos tratar-se de descrição literal de diferentes ofícios do Estado, esquecendo que no termo está implícita a relação metafórica entre governo e árvore (que, por sua vez, implica imagens adicionais das raízes do governo, a ideia de que o governo é um organismo que pode estar sadio, e assim por diante). Onde quer que as normas tenham morrido, podemos dizer que foram *naturalizadas*, transformadas em aspectos das nossas vidas que presumimos sejam parte do mundo natural (e não do político). Pode ser que essas normas naturalizadas revelem onde o poder tem sido exercido com maior eficácia. Por exemplo, nossa concepção comum de que haja apenas dois sexos e que isso seja um fato biológico tem sido submetida a bombardeio crescente, à medida que entendemos que diferenciação sexual envolve e pode até mesmo ser constituída por normas de gênero socialmente construídas (veja-se o Capítulo 7). Considerando a constante politicização do naturalizado, talvez a incumbência da filosofia política seja mesmo representar a desnaturalização de tais fenômenos em nome da politicização. Em suma, a filosofia política poderá ser a contínua politicização das normas que governam nossa interação e, acima de tudo, pode ser que nem mesmo estejamos nos dando conta de certas normas (e são muitas), à medida que se escondem nos nossos pressupostos acerca do que se tem por natural e o que se tem por político.

Por isso mesmo é importante dar-se conta de que o que nos é apresentado como natural, fixo e evidente pode estar escondendo uma variedade de questões políticas. É esse o caso de muitas dimensões da vida, inclusive dos livros que lemos. O livro, por exemplo, apresenta uma visão geral da área da filosofia política com o propósito de encantar as pessoas com o mundo da filosofia política e também de orientar os estudantes que a ele já se encaminharam. Ao ler o mesmo, portanto, com todo direito se espera encontrar uma exposição relativamente desapaixonada do terreno acadêmico; e é de fato o que se encontra. Dado, porém, que definir política é uma questão política, resulta que proporcionar uma visão geral da filosofia política é também uma incumbência cheia de decisões e motivações políticas.

A maneira mais óbvia de expor essas questões (em qualquer texto, não apenas neste) é verificar quem ou o que está sendo excluído. Neste livro, por exemplo, encontram-se muitos filósofos políticos fascinantes, importantes e desafiadores, tanto contemporâneos quanto clássicos, que não foram incluídos nas discussões e debates que seguem. Muitos, de Agostinho a Zizek, tiveram que ser deixados de fora. Mesmo assim, se este livro conseguir (como espero) estabelecer alguns marcos na filosofia política, o leitor estará equipado para interrogar por si mesmo aqueles que foram omitidos neste texto, à medida que deparar com eles na contínua jornada desse província do conhecimento. Outra maneira de refletir sobre a natureza política de qualquer texto é prestar atenção no que se incluiu. Neste livro há duas áreas da filosofia política que eu decidi ressaltar como contribuições importantes ao debate científico, a saber, o feminismo e o pós-estruturalismo. A maioria dos livros deste tipo mal menciona esses enfoques. A razão de garantir a presença de ambos os enfoques em todo o livro reside no fato de que tendem a operar tanto no leito como *além* das margens do curso dessa área de conhecimento. Este livro está sendo escrito, em parte, para demonstrar que a filosofia política é mais ampla e profunda do que imaginamos. Esta é, sem dúvida, uma decisão política, uma decisão com a qual o leitor não precisa concordar. Espero, porém, que possamos conversar a respeito deste e de muitos outros assuntos, ao progredirmos, juntos, com o livro.

2
Autoridade e liberdade

Para Platão o mundo político precisa ser ordenado de cima. Os seres humanos dotados da sabedoria e do caráter moral excelso de filósofos deveriam ser os guardiões da república ideal. Elaborando as leis da república, designando as pessoas para os seus lugares próprios na sociedade (até mesmo contando ocasionalmente uma "mentira nobre" para garantir a ordem), os filósofos-reis e rainhas (Platão foi revolucionário na sua argumentação de que as mulheres têm as mesmas habilidades naturais que os homens para serem dirigentes) eram considerados as únicas pessoas capazes de criar uma forma de associação política que seria boa para todos. As estruturas básicas dessa visão da república ideal foram transferidas com facilidade, alguns séculos mais tarde, para as emergentes formas cristãs de filosofia política. Os filósofos-reis cederam lugar a monarcas "divinos," e a concepção da "vida boa" foi substituída pela visão de como poderia ser construído na terra o reino de Deus. Em ambas as concepções, tanto na clássica como na cristã, a ordem política seria estabelecida de cima, pelo uso da razão por parte dos poucos que poderiam usá-la plena e sabiamente, ou mediante a interpretação da vontade de Deus por aqueles equipados para interpretá-la acuradamente. As exigências da moralidade e da religião constituíam os fundamentos usados para justificar sociedades hierárquicas, conduzidas pelos poucos que tinham como responsabilidade manter a ordem e buscar o bem, ou Deus.

No limiar da Antiguidade para a Modernidade, *O Príncipe* de Maquiavel nos apresenta uma terceira vertente para justificar a ordem política, a saber: a força bruta. De acordo com Maquiavel, o príncipe governante está autorizado a fazer o que for necessário para manter a ordem (dado que a ordem é a *raison d'être* da vida política) e para tanto pode usar todos os meios necessários para alcançar esse fim. As pessoas do povo (e, acima de tudo, os rivais do príncipe) não sairão da linha, por saberem que, se o fizerem, estarão se expondo ao risco de serem usados contra elas a malícia e o poder do príncipe. Uma nova ideia havia surgido: já não eram as exigências da moralidade ou da religião que embasavam a ordem política, mas as maquinações grosseiras da *realpolitik*. Dito isso, ao ler o panfleto *Discursos*, menos conhecido, porém importante, encontramos outra sugestão, uma ideia de longa história, mas que até o início do período moderno não estava bem desenvolvida e por isso era descartada, isto é, que a fonte da ordem política poderia brotar de baixo, do povo, e não de cima (mediante moralidade, religião e força bruta). Maquiavel, porém, não conseguiu aderir plenamente a essa ideia: sua concepção cíclica do desenvolvimento do Estado, sua visão cínica da natureza humana, sua tendência a ver dissolução e decadência em toda parte, sua crença nos poderes destrutivos de *fortuna* e sua admiração, de inspiração clássica, pelos grandes homens de *virtú*, conjugaram-se para impedir Maquiavel de abraçar plenamente a ideia de que a ordem poderia vir de baixo.

Ademais, Maquiavel era um homem do nascente Renascimento: ainda estava por manifestar-se a ampla reviravolta social, econômica e política que haveria de caracterizar o período da história que chamamos 'Era Moderna," que passou a instilar-se na consciência dos que escreviam sobre a vida política. Nos 250 anos que se seguiram à publicação de *O Príncipe* e *Discursos*, a Europa sofreu uma série de mudanças significativas, cujas marolas continuam determinado como nós vivemos e vemos o mundo hoje. Para simplificar, uma história relativamente complicada: ocorreu o nascimento do capitalismo, que provocou um populacho de mobilidade crescente, divisões de classes cada vez mais acentuadas, crescimento de cidades e eclosão de novas tecnologias. Ocorreu também o surgimento da ciência moderna, tendo como símbolo a revolução de Copérnico, o desafio de Galileu à autoridade religiosa, a fundamentação de um método científico indutivo por Francis Bacon, e uma multidão de novas descobertas a respeito do mundo humano e da natureza. Além disso ocorreu no mundo das ideias uma mudança subjetiva na filosofia, de renunciar à contemplação filosófica de ideais em troca da reflexão interna sobre as condições da experiência que determinam o que podemos e o que não podemos conhecer. Essa transformação da filosofia foi iniciada pelo método de Descartes, de duvidar de tudo, conduzindo à afirmativa de que a única coisa de que se podia estar certo era a própria atividade de duvidar. Isso culminou no famoso dito centrado no sujeito: "Penso, logo existo."

Essas ocorrências se conjugaram para subverter a ideia de que a ordem política tinha de vir de cima. As pessoas começaram a questionar as fontes tradicionais da ordem política (moralidade, religião, poder do Estado) e, na verdade, as pessoas começaram a rebelar-se e a derrubar as ordens estabelecidas que promovessem e sustentassem aquelas formas de ordem política. Visto que a derrocada das fontes tradicionais da ordem vinda de cima deixaram um abismo na vida social e política, facilmente preenchido com caos e anarquia, surgiram duas perguntas:

a) como evitar a anarquia?;
b) Como poderia estabelecer-se a ordem política sem retornar às fontes tradicionais desacreditadas que haviam provocado aqueles problemas?

Em suma, como ter ordem social e política sem tirania? Como estabelecer ordem, não "de cima," mas "de baixo?" Em termos bem simples, é este o problema que está no cerne do que hoje chamamos filosofia política liberal. O conceito que os liberais muitas vezes usam para reforçar a necessidade de ordem com a exigência de que venha "de cima," é o de autoridade. Como liberais, obedecemos ao Estado não por estar fundamentado racionalmente e ser moralmente perfeito, não por incorporar a palavra de Deus, não por tender a usar a força contra nós, caso não o fizermos, mas porque nós *autorizamos* o Estado a nos dominar e a manter a ordem. O Estado, porém, está autorizado somente sob condição de proteger nossa *liberdade*, de forma que jamais voltemos a estar sujeitos aos regimes tirânicos da Europa feudal. Entretanto, como veremos neste capítulo, acertar o equilíbrio entre autoridade e liberdade não é questão óbvia, nem incontroversa.

AUTORIDADE ABSOLUTA

A ideia radical de garantir a ordem política de baixo para cima alcançou uma de suas versões mais dramáticas, consistentes e convincentes na obra do filósofo político Thomas Hobbes – em especial no *Leviatã*, sua *magnum opus*. Para entender por que o conceito de autoridade política está no cerne dos escritos políticos de Hobbes, é preciso lembrar o contexto no qual estava escrevendo. O contexto político está identificado nas páginas finais do *Leviatã*; aí Hobbes escreve que a obra foi "ocasionada pelas desordens do tempo presente" (1985: 728). As "desordens" se resumiam na cisão entre rei e parlamento que acabou provocando a Guerra Civil Inglesa. Seus escritos, portanto, estão profundamente preocupados em diagnosticar as causas da desordem e apresentar um remédio que pudesse produzir ordem (como veremos, isso requer a autorização de um corpo soberano absoluto ao qual precisamos obedecer se quisermos evitar o terror de viver em épocas de caos total). O contexto intelectual em que as ideias de Hobbes surgiram pode ser caracterizado como sendo de desilusão crescente com o enfoque escolástico da vida social e política deixado como herança por Aristóteles, mas filtrado pelo pensamento cristão medieval. Hobbes queria um enfoque mais rigoroso, menos dogmático, no estudo da vida política. Ele o encontra na nova ciência; na verdade, ele foi amigo de Francis Bacon por algum tempo e, em viagem ao continente, encontrou Galileu. O enfoque sistemático de Bacon no estudo da natureza assim como a percepção revolucionária de Galileu de que não era a inércia, mas o movimento, o estado natural da matéria (a lei da inércia) influenciaram fortemente seu pensamento. Com efeito, de tão convencido que estava pelo trabalho de Bacon e Galileu, Hobbes se pôs a construir uma teoria social e política à base do novo método e da nova ciência do movimento. Hobbes, portanto, escreveu o *Leviatã* numa época de profunda crise política com o propósito de expor as raízes da crise mediante o estudo científico das leis do movimento que, acreditava ele, governam o comportamento humano. Afora isso, procurou demonstrar a veracidade das suas conclusões (tantas vezes intragáveis) mediante cuidadosa elaboração de axiomas em estilo científico e geométrico (também os *Elementos de Geometria* de Euclides influenciaram fortemente o seu pensamento). Mas como justificou Hobbes os axiomas básicos a partir dos quais levantaria sua teoria social e política? Na "Introdução" ao *Leviatã*, encontramos a resposta de Hobbes ao leitor que duvida que tal enfoque axiomático consiga levantar voo: "Lê a ti mesmo... [e] ele assim lerá e saberá quais são os pensamentos e as paixões de todos os outros homens" (1985:82). Apesar de todo o aparato científico e matemático, portanto, esta não deixa de ser uma versão do enfoque interior, reflexivo e centrado no sujeito de Descartes, que deu início à filosofia moderna.

As percepções de Hobbes da natureza humana constituem a base para se compreenderem as declarações relativas à autoridade política e à natureza da liberdade. O princípio que orienta suas concepções é que "a vida não é senão movimento dos membros" (1985: 81). É importante o caráter científico dessa afirmativa: não se refere a Deus, nem a um significado mais profundo da vida, tampouco faz qualquer referência à orientação da vida ou à sua culminância. Movimento, para Hobbes, é movimento contínuo, e foi essa sua maneira de introduzir a percepção de Galileu no nível mais profundo de fundamentação do pensamento político. Não se pode subestimar o caráter revolucionário dessa afirmação: tratava-se de um desafio à Igreja e ao escolasticismo aristotélico da *intelligentsia* medieval e um ataque violento contra toda a compreensão da natureza humana. Hobbes prossegue distinguindo dois tipos de movimento: o primeiro é o *movimento vital*, que começa no nascimento, termina com a morte e não requer pensamento prévio (circulação do sangue, respiração, pulso). Mas há também *movimento voluntário*: esse é precedido por um movimento interno que Hobbes chama *esforço*. Há dois tipos de esforço: *apetite* ou desejo é quando nos esforçamos para obter algo; *aversão* é quando nos esforçamos para evitar algo. Nossa sensação de sermos seres vivos, reflexivos deriva em grande escala do movimento entre apetites e aversões, movimento que Hobbes denomina *deliberação*. O último ato na deliberação é o que Hobbes chama *vontade*. A *razão* é simplesmente a habilidade de calcular as prováveis consequências da nossa ação voluntária.

Hobbes, portanto, apresenta uma visão não racional, determinista da natureza humana; em outras palavras, somos seres que não dispõem de livre arbítrio, porque as nossas ações são determinadas pelas paixões e a nossa capacidade de raciocinar é simplesmente a habilidade de calcular os prováveis resultados das ações determinadas pelas paixões, e não uma fonte que nos motiva às ações. No entanto, o que é interessante, Hobbes ainda assim acredita que são livres os seres humanos, se a liberdade for tomada "em sentido próprio" (1985: 264). Liberdade para Hobbes é simplesmente a ausência de "impedimentos externos" (1985:262). Assim sendo, ele pode afirmar que nós somos *livres* quando caminhamos pela rua sem impedimento, ainda que o desejo de caminhar pela rua seja *determinado* pelo desejo de chegar ao destino. Entretanto, não somos livres se alguém ou alguma coisa está obstruindo o caminho, e faz diferença se o que impede a jornada é um obstáculo natural ou uma lei feita pelos homens. Isaiah Berlin, no famoso ensaio "Dois conceitos de liberdade", caracteriza essa concepção de liberdade como o suprassumo do negativo: "liberdade política nesse sentido é nada mais do que o âmbito no qual um ser humano pode agir sem impedimento por parte de outros" (1969:122).

A preocupação principal de Hobbes, porém, é relativa ao que ocorre quando os indivíduos interagem uns com os outros (é preciso evitar, nessa altura, os termos comunidade, cultura e tradição, por razões expostas mais adiante). Especificamente, como haveriam de interagir as pessoas se não houvesse governo a regê-las? Na filosofia política dessa tradição, a condição de estar sem governo recebe a denominação de vida no *estado natural* ("natural" tendo em vista tratar-se de vida sem o aparato *artificial* de um governo). Para Hobbes, visto os seres humanos estarem programados para buscar e satisfazer seus desejos, e muitas vezes os desejos mudarem, é racional obtermos o que possamos usar para satisfazer os desejos, sejam quais forem. Os indivíduos em estado natural, portanto, precisam garantir *poder*, pois "o poder de um homem é o meio presente de conseguir no futuro algum bem potencial" (1985:150). Sabemos, porém, que, no estado natural, esse cálculo está disponível para todos. Cada indivíduo vai querer o poder de conseguir o que quer que venha a desejar, agora e no futuro. Sabemos também que o poder é relativo, quer dizer, o poder que uma pessoa detém depende de outra pessoa não o ter. Em outras palavras, o jogo do poder é um jogo de tudo ou nada: um embate no qual o prejuízo de uma pessoa equivale ao lucro de outra. O resultado inevitável da interação humana é, portanto, *competição* pelo poder. Em contraste com a atitude predominante na época, Hobbes não vislumbrava harmonia grandiosa alguma na realização dos desejos individuais; não há *summum bonum*, ou bem supremo, a unificar todas as nossas versões individuais da vida boa em conjunto único de harmoniosa arquitetura política. A competição é natural e inarredável de nossas vidas.

Acaso a competição é má? Não poderia a competição pelo poder resultar em equilíbrio ou harmonia dos interesses humanos que fosse boa para todos nós? De acordo com Hobbes, dois outros axiomas da vida humana impedem a competição pelo poder de produzir a vida boa. Em primeiro lugar, os seres humanos, assim como os outros seres vivos, fazem tudo o que podem para preservar a própria vida; a autopreservação é uma característica universal da existência humana. Em segundo lugar, é preciso que nos demos conta do fato de sermos todos fundamentalmente iguais. Hobbes quer dizer com isso que nenhum de nós possui a força física ou intelectual para garantir-lhe poder sobre todos. Somos todos fundamentalmente iguais no sentido de sermos igualmente capazes de adquirir poder. Em virtude disso, a competição resulta inevitavelmente em conflito. Igualdade significa que não há fundamento natural para a distribuição desigual de poder e, por conseguinte, todos têm à disposição o poder de satisfazer os próprios desejos. Se, porém, o conflito é resultado inevitável da competição igual pelo poder, faz muito sentido, racionalmente, procurar conquistar poder sobre os outros, antes que ele ou ela adquira poder sobre nós. Como indivíduos que estão vivendo no estado natural, somos obrigados a concluir que o ataque preventivo seja o efeito racional de um meio tão profundamente dilacerado por conflitos. Além disso, os que tiveram sucesso (ainda que temporário) na busca pelo poder vão gostar dele, vão conhecer a *glória* associada ao poder, e vão tratar de maximizar essa glória de forma a assegurar o próprio poder.

Resulta que Hobbes percebe três fontes de conflito no estado natural: competição pelos mesmos recursos (especialmente pelo poder, que, por definição, é raro); o medo dos outros, que Hobbes chama modéstia; e a busca de glória como meio de garantir quanto poder se tenha adquirido. Se fizermos uso dos axiomas básicos da vida para construir a condição natural da humanidade, o estado natural, será preciso concluir que os seres humanos inevitavelmente entrarão em conflito uns com os outros e que esse conflito assumirá a forma de "guerra de todos contra todos." Isso não é necessariamente "luta contínua," mas, como Hobbes assinala, pode ser pior, por envolver o medo permanente de guerra. Em uma das passagens mais famosas do pensamento político moderno, Hobbes descreve como seria a vida sem governo, no estado natural:

> Nesse estado, não há lugar para produção, porque é incerto o seu fruto; e, por conseguinte, não há cultivo da terra, nem navegação, nem uso dos bens importados por mar, nem edificação confortável, nem instrumentos para mover e remover coisas que exijam força, nem conhecimento da face da terra, nem contagem do tempo; não há artes, letras, sociedade; e o que é pior de tudo, há temor permanente e perigo de morte violenta; e a vida do ser humano, solitária, pobre, asquerosa, brutal e breve. (1985: 186)

O que imaginamos quando pensamos no estado natural? É sedutor imaginá-lo como um período histórico anterior ao surgimento do governo. Hobbes realmente observa que "os povos selvagens em muitos lugares da América... não têm governo" (187), dando a entender que se encontravam em estado natural pré-político, o qual, à certa altura, poderia ter sido o estado primitivo de toda a humanidade. Sabemos, porém, que tais representações dos "povos selvagens" estavam baseadas apenas em relatos de ouvir-dizer dos exploradores. O que é mais importante, porém, é que tais concepções, bem como a ideia da pré-história pré-política, com toda certeza, não são indispensáveis à consistência de sua argumentação. Em termos mais realistas, podemos interpretar Hobbes no sentido de que esteja apresentando uma imagem do que seria a vida se o governo fosse dissolvido (como se ameaçava fazer durante a Guerra Civil Inglesa). Entretanto, para deixar bem claro, não precisamos supor que Hobbes esteja se referindo às condições da Guerra Civil Inglesa ao falar do estado natural (de fato não foram elas tão terríveis como as do estado natural que ele descrevia, por mais sangrenta e horrível que tenha sido a vida durante a Guerra Civil). Em termos gerais, não há necessidade de se pensar o estado natural, em Hobbes, como situação *de fato existente* no passado, presente ou futuro. É preferível representar o estado natural como um modelo hipotético: o que aconteceria se não houvesse governo soberano? Essa leitura é consistente com o entendimento de Hobbes dos fundamentos do novo método científico – Galileu não conseguiu criar vácuo, mas conseguiu utilizar um modelo hipotético para elaborar as leis aplicáveis a um corpo caindo no vácuo – e evita o embaraço de se pressupor uma fictícia época pré-histórica e pré-política da existência humana.

Ainda assim, como os indivíduos do (hipotético) estado natural conseguem escapar aos seus horrores? Para compreender a resposta de Hobbes, precisamos entender o que ele crê que sejam as leis que governam a interação humana no estado de caos e guerra. Hobbes as denomina *leis da natureza*. Não se trata de leis morais a que as pessoas devam obedecer, pois não há sugestão do que seja bom ou mau, certo ou errado, uma vez que cada qual deseja acima de tudo o *próprio bem*. Um indivíduo, por exemplo, talvez queira matar outros (é para realizar esse "bem" que buscam poder), e para isso não há sanção moral no estado natural de Hobbes. Assim sendo, as leis da natureza que ele se propõe a descrever não são o que os seus contemporâneos chamariam *leis naturais* (costumes e ideais morais comuns a todas as "pessoas decentes," sem referência a instituições políticas). As leis da natureza são a tentativa de Hobbes de descrever cientificamente (daí a linguagem científica) como os indivíduos haveriam de raciocinar no estado natural, ou seja, é uma argumentação sobre como os indivíduos se vêem *obrigados* a fazer certos cálculos nas condições extremas do estado natural.

O aspecto mais fundamental da psicologia humana que rege a interação dos homens no estado natural é que todos nós tememos a morte. Visto não haver leis humanas para delimitar o comportamento humano (de forma que seja permissível, como modalidade do "bem" individual, matar os outros), a razão nos convence a temer a morte e ainda, de que precisamos *todos* temer a morte. Precisamos, claro, evitar a morte se quisermos satisfazer os desejos e, assim, somos forçados a concluir que a autopreservação deve ser a motivação básica da ação. Tudo o que um indivíduo fizer no estado natural será conduzido basicamente pela lógica da autopreservação. Essa lógica inevitavelmente legitima "todos os recursos e vantagens da guerra": o ataque preventivo, a brutalidade extrema para obter glória, e assim por diante. O nosso impulso básico de autopreservação, porém, nos leva a concluir também que seja a paz a melhor maneira de obter a maximização dos desejos, pois só a paz pode realmente garantir que teremos condições de satisfazer os desejos, no que for consistente com garantir a paz. Esse complexo equilíbrio de forças, que nos leva "para dentro" e "para fora" do estado natural, é resumido por Hobbes na primeira lei da natureza: "Que todo homem deva empenhar-se pela paz uma vez que tenha esperança de alcançá-la; e, quando não conseguir realizá-la, que possa buscar e usar todos os recursos e vantagens da guerra" (1985:190). Com certeza seria irracional empenhar-se pela paz quando todo mundo está empenhado em guerra. Hobbes nos conta que todos os indivíduos chegarão, inevitavelmente, a compreender isso, e assim surge uma segunda lei da natureza. Todos os seres humanos buscarão a paz em conjunto. Mas o que significa buscar a paz no estado natural? Hobbes nos conta que significa sacrificar "o direito de fazer todas as coisas" e contentar-se em buscar bens que não infrinjam a liberdade dos outros. Assim sendo, a segunda lei da natureza estabelece:

> Que um homem esteja pronto, quando outros também o estiverem, a declinar, tanto quanto considere necessário à paz e defesa própria, do seu direito de fazer todas as coisas; e a contentar-se com tanta liberdade para com os outros homens quanta permitiria a si mesmo. (1985:190).

O declinar do próprio direito de fazer o que se deseja só é racional quando todo mundo o faz, mas é racional todos buscarem esse alvo porque, em última análise, todo mundo quer paz, para poder perseguir, de forma mais eficaz, os seus (agora restritos) desejos – a saber, sem o constante temor da morte. Dado que estamos todos motivados, no estado natural, a realizar os nossos desejos, sejam eles quais forem, e, portanto, nos vemos impelidos a buscar a autopreservação e que nós temos o direito natural de usar todo poder para assegurar a autopreservação, e dado ainda que cada qual reconheça isso, nós concluímos que se impõe buscar a paz mediante restrição dos nossos desejos à base de igual liberdade para cada um.

O que há de impedir qualquer um de simplesmente ignorar a razão ou de usar a razão para assegurar a submissão de outros que querem paz? Isso, em suma, invalidaria a lógica do raciocínio no estado natural porque imediatamente jogaria todo mundo de volta à situação natural, de forma que o processo de procurar os fundamentos da paz teria que "começar de novo". Isso faz surgir, de acordo com Hobbes, uma terceira lei da natureza: "os homens cumprem os acordos que fazem" (1985:201). Os indivíduos concluirão necessariamente que para efetivar a paz é essencial que se cumpram as promessas. Conseguimos perceber, em termos gerais, que ter em conta as consequências é o que causa os horrores do estado natural, mas é também o instrumento que os indivíduos de Hobbes usam para se livrar desses mesmos horrores.

Ainda antes de contemplar a criação da absoluta autoridade soberana, convém resumir três assertivas essenciais que até aqui têm ocupado posição central no relato de Hobbes. Primeiro, para Hobbes, os indivíduos detêm um só direito *natural*, entendendo-se como direito natural o que vale na condição natural (ou seja, onde quer que não se tenha estabelecido ainda a autoridade governamental), a saber, o direito à autopreservação. Todos os demais direitos são convencionais, artificiais, "estabelecidos pelos homens," isto é, pelos governos. Em segundo lugar, isso significa que a efetivação de contratos ou acordos constitui o início da justiça e da injustiça; previamente à terceira lei não faz sentido falar de justiça. Para Hobbes, quebrar um contrato é injustiça e "o que quer que não seja injusto, é justo" (1985: 202). Não há algo como "justiça natural", em outras palavras, toda justiça é "artificial." Em terceiro lugar, isso significa que o cumprimento dos contratos requer uma autoridade que seja capaz de garantir os acertos contratuais; é necessário que nós efetuemos contratos uns com os outros para que seja criado e legitimado um poder para garantir que cumpramos as promessas que tenhamos feito. Essa autoridade é criada mediante um acordo fundamental, basilar, chamado *contrato social*.

Como surge o poder soberano? Hobbes afirma que é como quando "cada homem diz a cada um dos homens": "Eu autorizo e declino a favor deste homem, ou desta assembleia de homens, do meu direito de governar-me a mim mesmo, mediante a condição de que tu da mesma forma declines do teu direito e autorizes todas as suas ações" (1985:227). A expressão "contrato social" pode parecer confusa, mas nós podemos explicá-la de várias maneiras. Quem estabelece o contrato com o corpo soberano não é a massa de indivíduos em estado natural; isso seria impossível, porque, por definição, no estado natural não há poder soberano. Ao contrário, são os indivíduos que estabelecem contratos *uns com os outros* e acabam criando um órgão soberano. Cabe afirmar, portanto, que é o processo de autorização que cria a autoridade; são, na verdade, os indivíduos em estado natural os *autores* que *autorizam* a criação de uma *autoridade* à qual então obedecem. É importante observar que o direito da recém-criada autoridade é o amálgama de todos os direitos dos indivíduos a "se governarem a si mesmos." Assim sendo, o direito do governo de governar resulta, nesse modelo de contrato social, da *alienação* dos direitos de que são detentores os indivíduos em estado natural; é por declinarem os indivíduos do direito a tudo em prol da paz que o governo passa a dispor de ampla gama de direitos. Ele apenas "devolverá" os que, em estimativa de governo, não estejam propensos a provocar um recrudescimento dos horrores do estado natural. Apresentar o governo como leviatã, portanto, é projetá-lo como "monstruosa" criação do contrato social (o "leviatã" era um mítico animal marinho de tamanho gigantesco). O governo é visto como uma besta monstruosa, um mal necessário criado com o função expressa de garantir os contratos. Essa é, portanto, a caracterização legal do Estado como algo criado para impor os contratos como obrigatórios aos contratantes individuais. Impor o próprio contrato social é, na verdade, a única maneira de a paz florescer, e somente a paz torna os indivíduos capazes de florescerem na realização dos seus (agora restritos) desejos.

Há, porém, uma notável exceção. Um dos direitos é inalienável: do direito natural à autopreservação não se pode declinar, precisamente por não ser artificial (1985: 192). O que Hobbes quer dizer com isso nem sempre fica claro, mas julgo que se possa supor, com certeza, que dele não declinar expressa o que o autor toma por traço fundamental, inamovível da psicologia humana, a saber, que nós todos faremos tudo o que estiver ao nosso alcance para preservar a própria vida. Não obstante, uma vez criada sua posição mediante contrato, não tem o soberano para com os súditos responsabilidade *alguma* salvo preservar a paz por meio da execução de contratos livremente selados. A autoridade soberana, portanto, precisa dispor de autoridade *absoluta* para fazer tudo o que seja necessário para realizar esse propósito; essa foi, afinal, a razão expressa para ter sido criada. O cidadão individual tem apenas um direito natural, o de autopreservação; todos os demais são concedidos por discrição da autoridade soberana e, em vista disso, podem ser suspensos com a mesma facilidade. Isso significa que "o povo" não pode chamar o governo à responsabilidade, pois sem o contrato social para criar o órgão soberano não haveria "povo", só haveria indivíduos dispersos e apavorados.

É oportuno lembrar nesta altura a dívida de Hobbes para com os *Elementos* de Euclides. Hobbes os apreciava muito porque provavam conclusões improváveis mediante dedução de premissas inatacáveis. O fato de termos que nos submeter à vontade de uma autoridade soberana absoluta porque a ela conferimos autoridade para reinar sobre nós, e que a única alternativa à autoridade absoluta é "a pior de todas as situações," o estado natural, representava para os contemporâneos de Hobbes uma conclusão digesta (e assim o é para nós também). O problema é que ela pressupõe o *autoritarismo*, e nós vamos ver na próxima seção de que forma Locke apresenta um enfoque alternativo de contrato social que consegue evitar esse autoritarismo. Mas, antes de saltarmos à conclusão de que Hobbes simplesmente acabou defendendo o poder absoluto de regimes autoritários, vale a pena apreciar uma leitura alternativa. O que cumpre perguntar é isto: com que fundamento a autoridade soberana imporia medidas autoritárias, dado que seu único propósito é executar os contratos para manter a paz? Se os indivíduos cidadãos da comunidade de Hobbes não estiverem empenhados em quebrar contratos, o soberano absoluto de Hobbes não terá muito a fazer. O Estado de Hobbes, nessa perspectiva, talvez seja apenas um "estado minimal": "naqueles casos em que o soberano não prescreveu norma alguma, aí o súdito tem a liberdade de fazer, ou deixar fazer, de acordo com sua própria discrição" (1985:271). Olhar a partir de outra perspectiva também nos ajuda a questionar a concepção de que Hobbes esteja defendendo um soberano excessivamente autoritário. Não é assim que as democracias do bem-estar social, que nos são familiares na atualidade, apesar de proporcionarem auxílio e amparo ao maior número possível do seu povo, quando ameaçadas, rescindem os direitos dos cidadãos e eventualmente recorrem abertamente ao uso da força contra seus próprios membros? Seria possível argumentar que, durante a atual "guerra ao terror", países democráticos superficialmente liberais e contidos estariam mais do que dispostos a levar de roldão os direitos dos cidadãos ao perceberem qualquer ameaça à soberania do Estado. Pode ser, portanto, que o mérito real da obra de Hobbes tenha sido o de haver deduzido corretamente que todos os regimes liberais têm uma fina capa de decência para encobrir a sua natureza fundamentalmente autoritária. Se assim for, a clássica dicotomia entre liberal e autoritário não existe

Por conseguinte, a solução de Hobbes ao problema central da filosofia política liberal – como criar ordem constituída de baixo para cima – é esta: precisamos reconhecer que, ao contratarmos uns com os outros, criamos o poder soberano ao qual importa obedecer, porque sem esse poder a humanidade se dissolverá em caos e anarquia das mais horríveis. Não há nada em nossa condição natural, conforme Hobbes, que nos habilite a encontrar ordem sem a instauração de uma autoridade soberana absoluta. Ao contrário, a liberdade absoluta conduzirá aos horrores do estado natural. Precisamos estar contentes com quaisquer liberdades que o poder soberano por nós criado nos devolver, e reconhecer que, se quisermos paz, é preciso que a nossa liberdade seja limitada dessa forma.

LIMITAÇÕES À AUTORIDADE

O cerne da teoria política liberal era um conceito de ordem constituída de baixo para cima, sem necessidade de uma ordem imposta de cima para baixo mediante a moralidade, a religião ou a força do Estado: o resultado é a noção de que a ordem constituída de baixo para cima pode ser garantida se os indivíduos autorizarem um poder ao qual a partir daí se submetam. Para Hobbes, a submissão precisa ser absoluta, por ser essa a única maneira de garantir que não haja retrocesso ao estado natural. Mas não será que as ideias de Hobbes se aproximam demais dos perigos do autoritarismo, a ponto de permitir a tirania em nome da paz e da segurança? Locke, outra figura basilar na tradição da teoria do contrato social, pode ser visto como proponente de uma resposta ao problema da ordem constituída de baixo para cima, que não obstante evita o (alegado) autoritarismo de Hobbes.

De acordo com Locke, os humanos precisam ser concebidos como seres livres e iguais. Declara ele: "Visto serem os homens, por natureza, todos livres, iguais e independentes, como foi dito, ninguém pode ser privado de seus domínios e submetido ao poder político de outrem, se não o consentir" (1988:330). Para Locke, a liberdade está centrada na faculdade dos indivíduos de ordenarem as próprias ações e de disporem das próprias posses como julgarem conveniente, sem precisarem da permissão de quem quer que seja: "sem pedir autorização, ou depender da vontade de qualquer outro homem" (1988:269). É importante observar desde logo que isso é um ataque direto às ideias de Robert Filmer (autor de *Patriarcha*, uma renomada defesa do direito divino dos reis). Filmer sustentava que assim como a criança é dependente do pai física e moralmente, do mesmo modo os seres humanos em geral nascem como súditos dependentes de reis para a própria orientação, e os reis são divinamente instituídos como pais do país. Locke, divergindo, argumenta que os seres humanos conquistam a própria liberdade pela posse da *razão*. A razão sem dúvida necessita de tempo para se desenvolver, mas, tão logo o indivíduo tenha alcançado a idade da razão, precisa ser considerado livre, igual e independente – não sujeito ao domínio de outrem. Importante que a razão para Locke não é apenas a habilidade para calcular resultados prováveis (como o é para Hobbes), mas uma faculdade concedida por Deus para garantir o bom governo das pessoas sobre a sua criação.

Somos, pois, livres, iguais e independentes em virtude da nossa capacidade de raciocinar, mas quais são as consequências disso para a nossa interação? Como vamos descrever, à base dessa concepção, o estado natural, o estágio anterior ao surgimento do governo? Aqui é conveniente a comparação com Hobbes (embora seja importante saber que Locke não escreveu diretamente contra Hobbes). Para Hobbes, o que motiva as nossas ações são as paixões, e não a razão. De acordo com Hobbes, os indivíduos possuem razão, e isso os habilita a encontrar uma saída do estado natural; entretanto, são as paixões, particularmente o desejo de autopreservação, que constituem o impulso decisivo na sua construção do estado natural. Locke, ao contrário, acentua as capacidades racionais da pessoa mais do que os seus desejos. Na verdade, evocando Hooker (um escritor anterior a ele), Locke visualiza os homens como possuidores apenas de "defeitos e imperfeições" (1988:278), muito distintas das paixões arrasadoras vistas por Hobbes. Contudo, esses "defeitos" são importantes, como veremos adiante. Hobbes sustenta que a guerra e a violência fazem parte do estado natural, são inescapáveis. Para Locke, esse é o caso somente quando se ignoram os ditames da razão. Se as pessoas estiverem motivadas pela racionalidade recebida de Deus, a liberdade daí resultante não causará conflito. Para Hobbes, o estado natural é basicamente uma justaposição de indivíduos. Para Locke, o estado natural tem natureza social, com relações sociais efetivas em vários setores da vida. Na imagem de Locke do estado natural, não há o mesmo senso de urgência: não há pessoas se atropelando para dele sair. Locke as descreve como pessoas que são individualmente o seu próprio juiz, que executam ações judiciais, mas só conforme a lei da natureza, ou seja, a lei da razão. É importante dar-se conta das principais diferenças entre os dois pensadores sugeridas por esses itens. Para Hobbes, o estado natural era absolutamente aterrador, o pior estado em que as pessoas pudessem encontrar-se, e por isso justificar-se-ia o poder soberano, por oferecer a melhor defesa contra o retrocesso ao estado natural. Para Locke, o estado de servidão resultante de se estar sob a vontade arbitrária do soberano era muito pior do que estar no estado natural, onde (em termos gerais) as pessoas agiam de acordo com a razão, e, quando se desviavam, esses inconvenientes de pouca monta seriam, em geral, resolvidos racionalmente.

Conseguimos perceber como essa divergência repercute nas concepções distintas desses pensadores acerca dos direitos no estado natural. Para Hobbes, o único direito existente no estado natural era o da autopreservação. Locke, ao contrário, procura garantir ao estado natural uma área o mais ampla possível de direitos naturais; de acordo com a sua concepção, se conseguimos reconhecer que o estado natural pressupõe uma série de direitos, então qualquer governo instituído pelo povo precisa respeitar esses direitos. Um dos direitos mais importantes que Locke procura estabelecer é o direito de propriedade no estado natural. Por que a propriedade? Para entender por que Locke considerava tão fundamental estabelecer como naturais os direitos de propriedade, podemos retornar à sua crítica de Filmer. Alem de defender o direito divino dos reis, Filmer era um crítico feroz das teorias de consentimento. Um dos exemplos que usava para subverter a noção de consentimento era a propriedade. Filmer sustentava que um direito de propriedade baseado em consentimento conduziria a conclusões absurdas. Um enfoque da propriedade baseado em consentimento, alegava ele, implicaria que, desde o estado natural originário, estado no qual a propriedade é tida em comum, cada ato de aquisição de propriedade exigiria o consentimento de todos para que fosse legítima a distribuição de propriedade. Ele achava o "consentimento de todos" simplesmente impossível e, por isso, absurda a noção de propriedade baseada no consentimento. Qual a solução de Locke para esse problema? Em primeiro lugar, afirmava ele que "embora a terra e todas as criaturas inferiores sejam comuns a todos os homens, ainda assim cada homem tem a propriedade da sua própria pessoa. Ninguém tem direito a ela senão ele próprio" (1988: 287). Temos como propriedade o nosso próprio corpo, que nos foi concedida por Deus e que nenhuma pessoa pode violar sem infração. Em segundo lugar, Locke afirma que "o labor do seu corpo e o trabalho de suas mãos, podemos dizer, são propriamente seus. Qualquer coisa, portanto, que ele retirou do estado em que a natureza o tenha posto e deixado, ele aplicou o seu labor e lhe acrescentou alguma coisa que lhe é própria, e assim o tornou propriedade sua" (1988: 288). Sendo eu dono do meu corpo, sou dono do meu labor (meu labor sendo o que eu faço com meu corpo), e se eu aplico meu labor a alguma coisa, essa coisa se torna minha, porque eu acrescentei meu labor a esse objeto, tornando-o diferente do que permanece comum. Se eu vejo uma árvore e dessa árvore apanho uma maça, eu exerci o meu labor, e a maça se torna minha propriedade. Locke o formula nestes termos:

> Aquele que se alimenta com as nozes que juntou embaixo de um carvalho ou das maçãs que colheu das árvores na floresta, certamente as apropriou para si. Ninguém pode negar que seja dele esse alimento. Pergunto, portanto, quando passaram a ser dele? Quando as digeriu? Quando as comeu? Quando as cozinhou? Quando as trouxe para casa? Quando as apanhou? É óbvio que se não se tiverem tornado suas pelo fato de as ter colhido, não se terão tornado suas de nenhuma outra maneira. Esse trabalho estabeleceu uma distinção entre elas e o comum. (1988:228)

Introduzindo essa ideia, portanto, Locke consegue refutar os argumentos levantados por Filmer. Para Locke, a propriedade privada não resultou do consentimento de todos, mas do contato físico dos seres humanos com o mundo material. Entretanto, vale mencionar que para Locke "a grama que meu cavalo abocanhou, e o pasto que meu empregado ceifou" (1988: 289) são considerados propriedade do proprietário do cavalo e patrão do empregado, porque simplesmente são vistos como extensões do labor do dono da propriedade!

Ora, o próprio Locke reconhece um problema potencial na sua argumentação relativa ao direito natural da propriedade. Anota ele: "Talvez se possa argumentar que se colher nozes ou outros frutos da terra cria um direito aos mesmos, então qualquer um pode apossar-se de quanto queira" (1988:290). Em outras palavras, visto que Locke fez a propriedade depender de se introduzir no mundo material o próprio trabalho, o que impedirá as pessoas de juntarem tantas nozes e maçãs quantas possam achar? Essa ideia parece legitimar o acúmulo de riqueza, uma possibilidade que tornaria o estado natural muito menos atraente do que poderia de início parecer.

Em resposta, Locke argumenta que as leis da natureza – as quais, lembremos, são equivalentes às leis da razão – em verdade impõem restrições ao que qualquer pessoa possa acumular. Conduta racional é juntar só o que se possa usar e aproveitar. Colher tanto que as maçãs comecem a apodrecer e se percam antes de serem comidas é afrontar a lei da natureza, a lei da razão e, portanto, em última análise, ofender a vontade de Deus. Deus não dispôs as terras em comum para serem degradadas: "Nada foi feito por Deus para o homem estragar ou destruir" (1988: 290). O "proveito" da propriedade é definido por "tanto como" e "tão bom como": tomar apenas tanto quanto se possa usar sem estragar, deixar o restante em condições tão boas quanto possível, de sorte que outros possam aproveitar da mesma forma os frutos da terra dados por Deus.

A implicação desses limites morais e religiosos é que, mantendo-se nas fronteiras da razão, "haveria pouco espaço para brigas ou lutas pela propriedade". Locke menciona outra maneira de evitar esse conflito: o uso do dinheiro. As pessoas podem colher grande quantidade de maçãs, ficar com o que precisam e vender o restante, de modo que, substituídas por dinheiro, as maçãs excedentes não apodreçam. Além disso, em virtude de se colherem e venderem maçãs, as pessoas que não possuem pomares podem também elas adquirir maçãs. O uso do dinheiro, de acordo com Locke, é um meio de promover a vontade de Deus. Percebe-se por que C.

B. MacPherson (1962) sustentava que Locke foi uma figura fundamental na justificação burguesa do "individualismo possessivo".

É muito importante lembrar que tudo o que a teoria descreveu até aqui se refere ao estado natural, entendido como um estado que inclui convenções sociais tais como a servidão, afora um conjunto de relações econômicas desenvolvida a ponto de constituir um amplo sistema monetário. O contraste com Hobbes é óbvio. Enquanto, para Hobbes, a vida no estado natural era "solitária, pobre, selvagem e curta", o estado natural de Locke não se define pelos extremos de violência e medo. Ele, na verdade, distingue entre o "estado natural" e o "estado de guerra," esclarecendo que aquele está "tão distante" deste como está "um estado de paz, boa vontade, auxílio mútuo e preservação de um estado de inimizade, malícia, violência e destruição mútua" (1988: 280). Isso, porém, levanta a questão: por que então se haveria de voltar as costas ao estado natural? O que motiva as pessoas a estabelecer um contrato de comunidade? Se recordarmos a descrição de Locke da natureza humana, lembraremos que ele via como característica distintiva dos seres humanos a sua capacidade, para todos igual, de raciocinar. Não seria, porém, plausível pressupor que todos nós sigamos sempre os ditames da razão; alguns de nós cometemos erros, deixamos as paixões tomarem conta muitas vezes e agimos sem considerar as opções razoáveis. Dado esse fato e dado ainda que no estado natural nós todos sejamos, por definição, nossos próprios juízes quanto ao que é certo ou errado, podem surgir disputas: os "inconvenientes" mencionados acima. As pessoas entram na sociedade civil para evitar esses inconvenientes, estabelecendo juízes para resolver as disputas. Acima de tudo, constitui-se o governo para termos um meio de resolver as disputas acerca da propriedade. Como afirma Locke: "O grande e principal propósito de os homens se unirem em comunidade e se colocarem sob governo é a preservação das suas propriedades" (1988: 350-1). O governo existe para proteger a propriedade privada e, por poderem os nossos próprios corpos ser considerados propriedade, está incluído aí o compromisso de proteger a liberdade dos indivíduos.

Voltando-se ao contrato social que fundamenta o governo, Locke vislumbra um processo mediante o qual cada indivíduo compactua com outros para entregar *ao povo* seu direito de autopreservação e o direito de julgar as leis da natureza. Todos pactuam que esse direito seja entregue, mediante contrato, às pessoas que daí por diante se tornam os juízes legítimos do certo e errado. Enquanto para Hobbes a única saída do estado natural consiste em renunciar ao direito a "todas as coisas" para permitir a criação do soberano, conforme Locke, o contrato social resulta de conferir-se o poder de cada indivíduo ao povo, *na forma de governo*. Assim sendo, o supremo poder assiste não ao governo por si próprio, mas ao povo a quem o governo representa. Isso é importante porque significa que o povo torna-se o juiz de estar o governo agindo legitimamente ou não:

> Ainda que na comunidade constituída, que assenta sobre as próprias bases e opera de acordo com a própria natureza, ou seja, atua para a preservação da comunidade, pode haver somente um poder supremo, que é o legislativo, ao qual todos os demais estão e precisam estar subordinados... ainda assim permanece com o povo o poder supremo de afastar ou mudar o legislativo, quando observar que o ato legislativo contraria a fé neles depositada. (1988: 367)

O legislativo tem supremacia sobre todas as outras partes do governo (que são o executivo e o que ele chama função "federativa" ou diplomática), *mas* se o legislativo agir contra a vontade do povo, o poder de que está investida a assembleia legislativa pode voltar ao povo. É por isso que ele julga poder justificar a supremacia do legislativo e a supremacia do povo: aquela se completa sob condição de legitimidade, mas desaparece por inteiro no momento em que os ocupantes do governo abusam do poder. Esse princípio geral tem uma série de consequências que também podem ser consideradas limitações específicas à ação governamental.

Para Locke, a propriedade privada é sacrossanta. O governo foi estabelecido para evitar os problemas relacionados com o domínio da propriedade e para proteger a propriedade, e foi essa a razão expressa dada pelo povo para a sua existência. Assim, não pode ele reivindicar a propriedade das pessoas; não seria permitida, portanto, a coletivização das propriedades agrícolas. Conforme repercussão nas bandeiras dos revolucionários americanos, não pode haver tributos sem consentimento. Os tributos são uma restrição à propriedade das pessoas (que inclui o seu dinheiro), por conseguinte, só podem ser criados mediante o consentimento das pessoas com o fundamento de que serão usados para melhor proteção da propriedade. O legislativo não pode, sem mais, transmitir seu poder a outro organismo. Não pode autorizar o executivo a tomar as decisões, pois é, e precisa permanecer, o organismo responsável pela feitura das leis. Em termos gerais, portanto, o legislativo precisa promover o bem da comunidade, especialmente no que diz respeito à preservação da propriedade.

Dito isso, é importante perceber que Locke estava preocupado não só com os limites da ação do governo. Ele também esteve atento aos limites para o povo, especialmente no que concerne ao direito de se rebelar. Vale a pena evocar brevemente o contexto histórico. Filmer tinha criticado teóricos anteriores do contrato e consentimento em vista de que um governo baseado em consentimento não será capaz de governar eficazmente. Ao primeiro indício de insatisfação com o governo, argumentava ele, o povo lhe pediria a dissolução. Isso seria claramente em detrimento da condução efetiva do Estado, e resultaria, em sua visão, em anarquia e desordem. Locke referiu-se a essa questão analisando se o direito a rebelar iria ou não "desancar e subverter toda política e, no lugar de governo e ordem, não propiciar senão anarquia e confusão" (1988: 401). Sua resposta consistiu em colocar restrições numerosas ao direito do povo de rebelar-se. Como estudos sensíveis à dimensão histórica de Ashcraft (1987) e Dunn (1969) evidenciam, Locke foi um pensador confrontado com uma complexa rede de forças políticas por vezes contraditórias, muitas das quais encontram expressão na sua filosofia política.

Para Locke, a vida do rei é sagrada e deve ser respeitada, a não ser que (e essa é a exceção crucial) o rei tenha declarado guerra aos próprios cidadãos. Nesse caso, o rei estará efetivamente colocando seu povo no estado natural, e então o povo terá todo o direito de se defender e tentar derrubar o monarca. Essa exceção é historicamente importante porque permitiu a Locke endossar a execução de Carlos I em 1649. Além do mais, Locke considerava impróprio rebelar-se enquanto existissem meios legais para corrigir a infração. Ele recorre a uma comparação entre o assaltante que exige uma libra mediante ameaça com arma de fogo, e o embusteiro que furta cem libras. Ao fazer uso de violência, o assaltante colocou a vítima no estado natural, e a vítima terá todo o direito de fazer uso de força física para proteger a sua propriedade. O embusteiro, porém, não deve ser executado sumariamente, mas julgado com base em devido processo legal e sentenciado. Vale o mesmo para governos que praticam atos ilegítimos. Se não tiverem agido de forma a colocar as pessoas no estado natural, devem ser removidos por meios puramente legais. Além disso, se um indivíduo considera que sua propriedade tenha sido ameaçada diretamente pela ação do governo, Locke considera impróprio que esse indivíduo se rebele, enquanto a maioria apoia amplamente a ação do governo. Em termos gerais, Locke confia no "povo"; ele confia que as pessoas não seguirão líderes instáveis, pessoas que estejam reclamando desnecessariamente ou fazendo agitação por lucro particular. Isso está refletido em outra restrição à rebelião, o que é ligeiramente diferente. Locke acredita que a maioria só deva rebelar-se quando tiver sido seriamente prejudicada, o que significa, para ele, que tenha sofrido injustiça por largo tempo. A maioria, mesmo estando revoltada, não deve rebelar-se por razões triviais; precisa antes ter uma boa causa – e o tempo é indício de boa causa.

O aspecto importante das duas últimas restrições à rebelião é que Locke equipara a vontade da maioria com o que é direito. Se "o povo" decide que um governo agiu, seja legítima, seja ilegitimamente, o povo tem razão. Isso é muito problemático para diversos filósofos políticos. Dois séculos depois de Locke e, portanto, bem depois da primeira onda de revoluções liberais burguesas contra os poderes feudais, John Stuart Mill, um liberal de estirpe vitoriana, sustentava que nem sempre o povo está certo, e que pensar que sempre esteja poderia resultar em sérias consequências para a liberdade individual.

LIBERDADE INDIVIDUAL

Mill foi profundamente influenciado pela crítica de Alexis de Tocqueville à padronização da vida na América democrática e à deficiente independência de pensamento que brindava aos cidadãos. "Não conheço país, dizia de Tocqueville, no qual, em termos gerais, haja menos independência de pensamento e real liberdade de discussão que a América" (1966: 254-5). Mill estava persuadido de que o resultado decorrente da perda da independência era, como Tocqueville sustentava, a "tirania da maioria". A partir dessa análise, Mill construiu uma refutação muito útil para aqueles liberais, como o próprio Locke, que se apoiavam por demais na política da "confiança no povo". Mill concordava que um sistema político democrático poderia conduzir ao tipo de conformidade que poderia fazer definhar o pensamento livre. Mesmo onde o sistema formal de governo criava condições para a liberdade florescer, o poder informal imposto pelas maiorias era muitas vezes "mais assustador do que muitos tipos de opressão política... deixando menos vias de escape, penetrando mais profundamente nos detalhes da vida e escravizando a própria alma" (1972: 73). Isso ocorre, observa Mill, "onde a sociedade é ela própria o tirano – a sociedade coletivamente em relação a cada indivíduo que a compõem – seus meios de tiranizar não se restringem aos atos que possa executar por mão dos seus funcionários políticos" (1972: 73). Isso revela que o livre pensamento dos indivíduos é de importância extraordinária para Mill. Para ele, a liberdade de pensamento é a única maneira de garantir que a sociedade como um todo se aproxime da verdade:

Se a opinião está certa, eles [a maioria] são privados da oportunidade de trocar a verdade pelo erro; se errada, eles perdem, o que é um benefício quase tão grande, a mais clara percepção e a mais viva impressão da verdade, provocada por sua colisão com o erro. (1972:8)

Essa concepção, embora esteja em contradição com a confiança liberal de Locke no povo, tornou-se a pedra angular da ideologia liberal. Apresentada comumente em termos de "Eu posso discordar do que você está dizendo, mas defendo seu direito de dizê-lo" (geralmente atribuída, equivocadamente, a Voltaire), a liberdade de consciência e expressão tornou-se uma trincheira contra a tendência de maiorias tendenciosas em governos liberais democráticos em favor da mediocridade e opressão. Mas como se resguarda a liberdade de opinião? Enfrentando essa questão, Mill desenvolve "um princípio muito simples," o princípio da liberdade:

> O único fim com vistas ao qual a humanidade tem o direito, individual ou coletivamente, de interferir na liberdade de ação de qualquer um dos seus integrantes é a autoproteção. O único propósito para o qual se pode com razão usar de poder contra qualquer membro da comunidade civilizada é o de evitar dano a outros. (192: 78)

Também conhecida como "o princípio do dano," a definição de Mills da liberdade pessoal parece não deixar dúvidas. Na verdade, esse "simples princípio" parece legitimar amplamente a liberdade pessoal. Aplicado em termos da atualidade, poderá levar à rejeição de leis que proíbam diversas das atividades que podem não estar causando dano a outras pessoas: o uso da pornografia, ingestão de drogas, atividades sexuais sadomasoquísticas, e muitas outras coisas. Nesse sentido, o princípio da liberdade poderia, como Mills pretendia, ser usado como fundamento para promover "experimentos de vida" mediante a concessão às pessoas do "mais livre escopo para fazerem coisas incomuns" (1972:135). Encorajar os indivíduos a superar meios convencionais de vida pode ser visto como correção benéfica da tendência a confiar demais na população majoritária que tende ao "despotismo do costume." Com certeza, poder-se-á dizer que o "princípio da liberdade avança demais em sentido oposto, permitindo que um experimentalismo caótico substitua a vida ordenada. Mill teve o cuidado de evitar tais implicações, e nós veremos (no Capítulo 4) como a sua defesa do governo representativo de fato coloca uma carga significativa de responsabilidade pública para os indivíduos participarem na vida de instituições democráticas.

Ainda assim, o simples princípio de Mills está notoriamente carregado de problemas, mais obviamente no que se refere ao conceito de "dano". Como, por exemplo, definimos dano? Se estivermos empreendendo o que Mills chama "uma ação de simples satisfação pessoal", como consumir bebida alcoólica, será válido afirmar que, na medida em que isso afeta os outros, apenas os afeta "indiretamente" e, portanto, não provoca nenhum dano "direto" para justificar que se impeça o indivíduo de beber? A noção de "dano direto" poderá ser sustentada se, com Mill, o dano for definido como dano físico. Entretanto, basta isso para garantir o princípio da liberdade? Poder-se-ia alegar que muito do que se considera dano, por conseguinte, estaria violando a liberdade da pessoa e adquirindo uma dimensão "psicológica". Afora isso, Mill postula que não se justifica intervir na vida de outras pessoas, se não for para o "bem" dessas mesmas pessoas. Entretanto, como veremos na discussão de Rousseau que se segue, pode ser que "forçar as pessoas a serem livres" seja exatamente o que se precisa para torná-las livres. Olhando mais adiante, veremos no Capítulo 3 que, de acordo com Catharine MacKinnon, definir o dano que as mulheres sofrem pela pornografia não se limita às que trabalham na indústria da pornografia. Pode ser que, como MacKinnon sustenta, a pornografia esteja provocando um dano mais estrutural do que individual às mulheres. Em outras palavras, ao considerarmos as implicações do "simples princípio" de Mills, vemos a necessidade de todo um exército de qualificadoras cuidadosamente colocadas, desempenhando papéis essenciais na prevenção de danos em áreas específicas da inatacável liberdade pessoal. Pode ser que o desafio verdadeiro seja não jogar a liberdade contra o Estado arbitrário, mas encontrar o jeito de combinar nossa liberdade com a autoridade que atribuímos ao Estado. Esse é o enfoque que encontramos na obra de Jean-Jacques Rousseau.

LIBERDADE E VONTADE GERAL

Vimos em Hobbes como os requisitos de criação de uma autoridade estável podem ter conduzido à instituição do autoritarismo político. A versão de Locke do contrato social procurou evitar esse problema atribuindo autoridade suprema à comunidade; a comunidade, então, autoriza o governo a realizar os seus desejos, mas, se o deixa de fazer, a comunidade tem o direito de, em circunstâncias específicas, rebelar-se contra o governo. Tanto para Hobbes como para Locke, o estado natural é um artifício para explicar como os indivíduos puderam entregar os seus direitos, respectivamente, ao soberano e ao povo. Para Hobbes o fim primordial do governo é paz e segurança, porque o governo existe para evitar o regresso ao estado natural. Assim, uma vez estabelecida a segurança, podemos perseguir nossos desejos tão plenamente como possível, dentro dos limites da liberdade – isto é, enquanto não impedirmos ninguém de realizar os próprios desejos. Para Locke, o governo existe para proteger a propriedade privada, e o povo confia ao governo o encargo de julgar e resolver disputas relativas à propriedade.

Hobbes via a autoridade absoluta como garantidora da paz entre os indivíduos naturalmente predispostos ao conflito, e Locke entendia que o governo precisa ficar restrito a proteger os direitos de propriedade e as liberdades dos indivíduos contra abusos de poder pelo governo; permanece, porém, uma tensão entre autoridade e liberdade. Se povo e governo "falassem com uma voz só," e se não houvesse conflito entre o bem individual e o bem coletivo, não teria o problema de autoridade alcançado uma solução racional e final? Em vez de visualizarmos a autoridade como a cola que junta os indivíduos em coletividades, por meio do governo, não deveríamos pensar a autoridade governamental como expressão do que é bom para nós todos, em sentido muito mais amplo do que simplesmente preservarmos a paz ou protegermos nossa propriedade? Além disso, não são a propriedade privada, o individualismo competitivo e o conflito social sintomas de um sistema que fracassou como resultado natural da interação de pessoas umas com as outras e delas com o mundo natural? Sendo assim, por que deveríamos fundamentar a autoridade governamental em sintomas de declínio social que, em última análise, nos impedem de nos darmos conta do nosso senso de uma vida boa coletiva e verdadeiramente harmoniosa? Será que Hobbes e Locke começaram com pressupostos errados e por isso articularam uma concepção truncada e empobrecida de autoridade política? São essas e semelhantes questões que nos conduzem à obra de Jean-Jacques Rousseau, particularmente no ensaio, "Um discurso sobre a origem da desigualdade" e no livro, *O Contrato Social*.

Ainda que se possa enquadrar Rousseau como pensador radical (foi essa a percepção dos revolucionários franceses que exumaram seu corpo e o colocaram no Panteão), essa é apenas uma pequena parte de um quadro muito mais complexo. Rousseau certamente foi um filósofo relacionado com as maiores figuras do Iluminismo francês, tais como Diderot (embora de acordo com todos os relatos seu relacionamento fosse problemático), mas seus principais assuntos e preocupações não derivaram diretamente de uma perspectiva iluminista do mundo. De modo particular, Rousseau foi um dos primeiros grandes críticos do progressivo processo de civilização e cultivo humano que tantos pensadores iluministas tomaram por sinal do recente triunfo "humano" da razão sobre a emoção e a natureza. Rousseau, na verdade, percebeu que razão demais (de certo tipo) fazia diminuir a nossa simpatia para com os outros e também resultava em fraqueza no campo de batalha, onde se impunham outras virtudes que não a racionalidade. Assim sendo, será que existe alguma coisa que estabeleça a ligação entre os argumentos de Rousseau em prol de uma nova forma racional de autoridade, na qual a vontade de todos está harmonizada com a vontade de cada indivíduo, e a sua crítica ao papel desempenhado pela razão em escravizar e empobrecer a humanidade, ao nos separar de nós mesmos? Numa palavra só, liberdade. Em três palavras, libertação da dependência; em outra palavra, autonomia. Sem desconsiderar as inconsistências internas que há na obra de Rousseau, podemos conjugar sua crítica das instituições sociais e políticas e seu apelo a um novo contrato social, refletindo sobre o que significa estar livre. De imediato, é digno de nota que a noção de liberdade de Rousseau difere muito da versão da "liberdade negativa" – para usar o conceito criado por Berlin (1969) – que se encontra em Hobbes e Locke. Rousseau elabora uma versão "positiva" da liberdade humana, que Berlin define como "a liberdade que consiste em ser senhor de si mesmo" (1969:131). Para Rousseau, liberdade e autoridade finalmente alcançarão uma unidade harmoniosa quando a humanidade estabelecer uma "forma de associação que há de defender e proteger com toda a força comum a pessoa e os bens de cada sócio e na qual cada um, embora se unindo a todos os demais, ainda assim poderá obedecer apenas a si próprio e ser livre como antes" (1973:174). A implantação de tal política, sustenta ele, é um problema para o qual o contrato social provê solução. Rousseau é, portanto, um filósofo político do contrato social; ele usa os conceitos e dispositivos que a teoria do contrato social oferece: o estado natural, o próprio contrato social e a autoridade legítima que cria. Podemos examinar cada um deles e verificar como Rousseau evidencia que se possa reconciliar a exigência de autoridade e liberdade com a noção da vontade comum.

Em certo sentido, a visão de Rousseau do estado natural nos leva de volta a Hobbes: onde Locke havia visualizado uma série de instituições sociais no estado natural e englobado as mesmas em leis morais/naturais derivadas teologicamente, a visão de Rousseau é de indivíduos isolados vagando pelas florestas, satisfazendo os desejos quando e como lhes convém, sem aparato social evidente, nem leis morais em ação. Hobbes e Rousseau, claro, divergem quanto ao que vá resultar dessa condição natural. Para Hobbes, os indivíduos deixados aos próprios desígnios sem um organismo soberano para reinar sobre eles decairão inevitavelmente em guerra e conflito. Para Rousseau, os indivíduos na condição natural viverão a vida em busca da própria sobrevivência; não há nada, porém, que indique que isso causará conflito, pelo menos do tipo sistêmico que Hobbes visualizava. Afinal, proclama Rousseau, os animais não vivem na condição de conflito sistemático, por mais que lutem. Rousseau sustenta que Hobbes, na verdade, descreveu as características do "homem social" em sua versão da condição alegadamente natural da humanidade. Vale a mesma coisa para todos os demais filósofos que fizeram uso da ideia do estado natural:

> Os filósofos que inquiriram quanto aos fundamentos da sociedade, todos sentiram a necessidade de retroceder ao estado natural; mas nenhum deles foi até lá... Cada um deles, em suma, insistindo constantemente em carências, avidez, opressão, desejos e orgulho transferiu ao estado natural ideias que foram adquiridas em sociedade; assim que, falando do selvagem, estavam descrevendo o homem social. (1973: 45).

Rousseau presume que somente o homem social entra em guerra consigo mesmo, e que não há nada de natural nisso. Rousseau também sustenta que a humanidade na sua condição natural não estaria predisposta à guerra porque as pessoas possuem uma empatia natural umas com as outras: "É essa compaixão que precipita sem reflexão em socorro dos que estão em necessidade; é isso o que, no estado natural, faz as vezes de leis, costumes e virtudes, com a vantagem de que ninguém é tentado a desobedecer à sua voz gentil" (1973:68). Quer seja o choro de uma criança ou o grito de dor do ferido, nós somos animais que, de acordo com Rousseau, não podem ignorar o sofrimento dos outros.

Dessa forma, Rousseau nos vê como indivíduos isolados – indivíduos, porém, mais parecidos com animais do que com os indivíduos humanos que nós nos consideramos hoje: impelidos pela autopreservação ("os únicos bens que reconhece no universo são o alimento, a fêmea e o sono"), mas não impelidos à competição e ao conflito; motivados, ao contrário, por compaixão para com os outros, mas compaixão que não tem origem moral ou teológica, mas é simplesmente uma das nossas faculdades naturais. Podemos resumir isso com uma famosa distinção rousseauniana:

somos motivados por *amour de soi* (amor de si, que pode incluir compaixão), mas não por *amour propre* (egoísmo, ganância, vaidade); esse último é invenção da vida civilizada, um traço da existência humana sob certas condições. Na verdade, diz ele: "É a razão que engendra *amour propre*... É a filosofia que o isola" (1973: 68). Mas o que provocou as condições que transformaram nossa compaixão natural em egoísmo?

Uma das teses mais radicais e profundas em Rousseau é que a propriedade privada, uma vez estabelecida no estado natural, deu causa à desigualdade e à criação de instituições sociais e políticas que aprofundam a desigualdade e atrofiam o desenvolvimento humano: "O primeiro homem que, tendo demarcado um terreno, falou consigo mesmo dizendo, 'Isso é meu', e achou pessoas ingênuas o suficiente para acreditarem nele, esse foi o verdadeiro fundador da sociedade civil" (1973:76). Enquanto a aquisição e posse de propriedade pode ser realizada tão somente por indivíduos, as pessoas no estado natural podem continuar a viver "vidas livres, saudáveis, honestas e felizes... Mas a partir do momento em que um homem passou a estar em necessidade da ajuda de outrem... a escravidão e a miséria não tardaram a germinar com as colheitas" (1973:83).

Rousseau, portanto, apresenta uma narrativa de como diversos impulsos "materiais" no sentido de superar o estado natural fizeram surgir uma nova psicologia na humanidade. Os indivíduos não são mais simplesmente criaturas que amam a si mesmas; eles começaram a reconhecer que se a humanidade pode elevar-se acima de outros animais, então deve também haver distinções no seio da humanidade: "contemplando a própria espécie como sendo de ordem superior, ele preparou o caminho para assumir preeminência como indivíduo" (1973:78). O *amour de soi* natural da humanidade começou a mudar para *amour propre*; o amor natural de si e a compaixão são substituídos por vaidade e competição social.

Rousseau continua a história. A metalurgia e a agricultura trouxeram a grande revolução que decisivamente removeu a humanidade da condição natural: "Foi o ferro e o grão que primeiro civilizaram os homens e que arruinaram a humanidade" (1973:83). Aqueles que detinham os meios para produzir ferro e grão tornaram-se os primeiros donos de propriedades, a primeira classe de homens a escravizar outros homens. Entretanto, Rousseau argumenta que essa escravidão deve ter sido precária, tanto assim que a grande revolução social seguinte consagrou os direitos dos donos de propriedade no aparato do governo. O governo, portanto, surgiu como uma espécie de truque de confiança instituído pelos ricos e poderosos para proteger seus recursos daqueles sem propriedade pela afirmação de que o governo beneficiaria a todos. Os pobres "todos arrastavam suas correntes, na esperança de garantir sua liberdade" (1973:89).

Posses, escassez, desastres naturais e psicologia humana conduziram a humanidade de uma condição natural de selvageria ao mundo da civilização, de acordo com Rousseau. Hobbes, em termos gerais, identificou qualidades similares, tais como escassez e vaidade, como sendo aquelas que proporcionaram motivação para o conflito e a via de saída do estado natural (graças à razão) para a vida sob o governo; Rousseau entendia que esses elementos estavam no próprio cerne da nossa *civilization*, incluídas as nossas instituições políticas contemporâneas. De acordo com Rousseau, está errado até mesmo supor que a humanidade tenha concordado com os arranjos sociais e políticos atuais mediante um contrato social. Antes, pelo contrário, a sociedade desenvolveu formas de organização política que refletem desigualdades básicas de quando a humanidade emergiu da condição original de selvageria. Ainda não houve contrato social em que todos possam querer uma vida sem os perigos da desigualdade, de acordo com Rousseau. Ainda não houve um contrato que nos conduza além das desigualdades da assim chamada vida civilizada:

> A desigualdade que agora predomina deriva seu vigor e pujança do desenvolvimento das nossas faculdades e dos avanços da mente humana e, finalmente, se torna permanente e legítima pelo estabelecimento da propriedade e das leis. (1973: 105)

Estamos delineando uma imagem de Rousseau como crítico do caráter *político* das descrições liberais da nossa "condição (alegadamente) natural". No cerne da mesma está uma narrativa do desenvolvimento da propriedade privada e uma análise dos seus efeitos que transforma o propósito liberal de constituição da vida política com o fim de garantir a propriedade privada em simples meio de instaurar a desigualdade que ela mesma engloba. Não há dúvida de que a propriedade privada tem sido o motor do desenvolvimento da "sociedade civilizada," mas "quão civilizados somos?" pergunta Rousseau. A humanidade está estupefata, acreditando estar livre quando está escravizada; acreditando que o governo serve ao povo, quando serve somente aos que detêm propriedade; acreditando que a razão conduz à emancipação, quando, na verdade, a razão, que promove egoísmo e individualismo, conduz apenas a mais miséria para a massa da sociedade; acreditando que o aumento da especialização conduz ao avanço tecnológico, quando na verdade divide a sociedade contra si mesma. Assim como a humanidade emergiu da sua condição natural para tornar-se "civilizada", precisa agora suplantar as desigualdades da civilização e buscar a verdadeira liberdade que emerge de estar sem amarras – numa política que fala com uma única voz em nome de todos, e não só por alguns. Para Rousseau, o que se necessita é:

> ... uma forma de associação que defenda e proteja com a força comum a pessoa e os bens de cada associado e na qual cada um, enquanto unido com todos, possa ainda obedecer tão somente a si próprio e permanecer tão livre como antes... As frases, entendidas corretamente, podem ser reduzidas a uma só – a alienação total de cada associado, juntamente com todos os seus direitos, à comunidade toda... sendo a alienação sem reservas, a união é tão perfeita como pode ser. (1973: 174)

Em certo sentido, isso tem um som hobbesiano – a alienação de direitos conferidos a um organismo soberano – e, em outro sentido, podemos perceber uma construção quase que lockeana do contrato, a alienação de direitos à comunidade. Essas similitudes, porém, não devem nos cegar para a "água clara" que separa os primeiros teóricos do contrato e Rousseau. Em Hobbes, o contrato vincula cada indivíduo com cada outro indivíduo para criar a autoridade soberana que *rege* todos os indivíduos. Em Locke, o contrato vincula cada indivíduo com cada outro indivíduo para criar um árbitro para os *reger* no (possivelmente amplo) domínio dos direitos de propriedade. Sim, o governo pode ultrapassar os vínculos do contrato indo além da proteção da propriedade privada, e, nesse caso, a autoridade soberana reverte à comunidade, mas apenas para que um novo governo legítimo possa ser formado para *reger* o povo. A versão de Rousseau é diferente porque ele sustenta que o contrato social que é necessário para neutralizar as desigualdades da vida social precisa ser um que estabeleça uma comunidade política que *rege a si mesma*.

Como é que essa teoria resolve os problemas de desigualdade, egoísmo e dependência humana que resultaram do "avanço" da civilização? Inicialmente, Rousseau distingue entre a liberdade natural, a liberdade no estado natural (que acabou confundida com dependência) e a liberdade moral, a verdadeira liberdade existente em ser senhor de si (1973: 178). A liberdade natural tem a ver com satisfazer os nossos instintos e desejos, nossos apetites e impulsos; ser senhor de si tem a ver com tornar-se autor de leis que possamos cumprir racionalmente. Como diz Rousseau: "O simples impulso do apetite é escravidão, ao passo que a obediência a uma lei que prescrevemos para nós mesmos é liberdade" (1973:178). Como, porém, essa ideia de liberdade se incorpora na vida política coletiva? "Cada um de nós, diz ele, coloca sua pessoa e todo o seu comum poder sob a suprema direção da vontade geral, e em nossa capacidade corporativa nós recebemos cada membro como parte indivisível do todo." (1973: 175)

Uma das consequências mais importantes do contrato social é que a humanidade sofre transformações na sua natureza à medida que conseguimos expressar a vontade geral da comunidade. O que é a vontade geral? O contraste é com a ideia da vontade privada, e especialmente com a ideia de que a soma das vontades privadas possa conduzir a sociedade. (O argumento de Adam Smith da "mão invisível" em defesa do mercado livre é, de fato, que a soma das ações privadas conduzirá a maior bem para a sociedade toda.) A vontade geral, ao contrário, é a articulação do bem comum. Ian Hampsher-Monk expressa muito bem a natureza exigente do conceito quando define a vontade geral em Rousseau como segue: "A vontade geral é o que a assembleia soberana de todos os cidadãos deveria decidir, se as suas deliberações fossem como deveriam ser" (1992: 180). Rousseau o coloca assim: "O soberano, simplesmente em virtude do que é, é o que deveria ser" (1973: 177). Em outras palavras, a vontade geral é a expressão do bem comum em decorrência de três traços específicos. Em primeiro lugar, ela sustenta a sociedade (a vontade geral é o vínculo da comunidade, a fonte do que se requer para construir uma comunidade verdadeira); em segundo lugar, ela ocasiona a igualdade (a vontade geral não pode, por definição, ser imposição a outros da vontade de alguns); e, em terceiro lugar, ela se aplica a todos (a comunidade como um todo está sujeita à vontade geral porque a própria comunidade exerce essa vontade, e nenhum indivíduo pode afastar-se dela).

É problemático, porém, que Rousseau sustenta que "quem quer que recuse obedecer à vontade geral será compelido a fazê-lo pelo organismo todo. Isso não significa senão que ele será obrigado a ser livre" (1973: 177). Isso significa que a própria ideia de vontade geral sanciona efeitos profundamente não liberais, possivelmente totalitários? Antes de apressadamente condenar Rousseau por essa conclusão, requer-se clareza. A questão-chave não é que o Estado de Rousseau possa e deva coagir cidadãos, porque todos os Estados o fazem. O ponto a que poderíamos levantar objeção na formulação de Rousseau é a afirmação de que, ao coagir os súditos, o Estado poderia os estar forçando a serem *livres*. Consideremos, no entanto, a analogia da dependência química. Se usarmos medidas drásticas para coagir alguém a deixar o hábito de fumar, acaso não o estamos forçando a ser livre por havermos impedido uma vida de vício e dependência? Pelo menos em termos abstratos, coerção e liberdade podem não estar em contradição. Mas será isso verdade no mundo da política? Ampliando a analogia da dependência química, poderíamos sustentar que se a democracia estivesse disposta a abdicar de sua autoridade soberana para um tirano, então uma intervenção violenta para impedir isso poderia ser o caso de "forçar" todo um povo a ser livre. O pressuposto de tais exemplos é a defesa "positiva" de Rousseau da liberdade de ser senhor de si. Acaso não é correto dizer que, à medida que nos tornamos mais racionais e passamos da infantilidade à maturidade, nós nos tornamos livres de irracionalidades infantis? Não será isso verdade também em nível coletivo? Em uma sociedade que emergiu da discórdia civil e barbárie, que desde o início tem sido atrofiada pelo império da propriedade privada, é de se esperar que alguns indivíduos terão dificuldade em orientar seu pensamento pela "vontade geral". Parece plausível, portanto, que tais indivíduos tenham dificuldade em perceber suas verdadeiras liberdades morais e civis como membros iguais de uma sociedade política harmoniosa. Pode ser, portanto, que seja não só legítimo, mas necessário, obrigar alguns indivíduos a serem livres, ajudando-os a pensar com o ponto de vista de todos, em vez de pela própria perspectiva particular e egoísta.

Nós acabamos de enfocar a visão de Rousseau e de analisar sua crítica à desigualdade na sociedade, sua rejeição da dependência que resulta da desigualdade e sua argumentação em favor de uma nova forma de sociedade baseada na igualdade, em que a liberdade dos indivíduos é expressa na obediência a leis feitas por eles próprios, de forma tal que eles sejam afinal independentes. Essa ideia de liberdade como independência é o cerne da filosofia política de Rousseau, entrelaçada com a crítica da propriedade privada, com a ideia da vontade geral como expressão do bem comum e com uma visão da natureza humana centrada no que somos capazes de nos tornar, em vez de simplesmente no que somos. Todas essas ideias contribuem para uma leitura de Rousseau como crítico radical do liberalismo do contrato social, a partir do interior dessa própria tradição. A filosofia política de Rousseau também prepara o caminho para críticas mais radicais do Estado, que haveriam de romper as barreiras da tradição do contrato social para realmente descrever o poder do Estado. É para tais ideias que nos voltamos no próximo capítulo.

3
O estado e o poder

É difícil conciliar autoridade e liberdade, porque tendo nós conferido poder a uma autoridade, ela tende a usá-lo em seu próprio interesse. É a isso que, em tempos modernos, chamamos Estado. Ainda que tentemos manter o Estado sob controle, a experiência evidencia que o Estado tem a tendência de garantir a própria autonomia, e não necessariamente a dos que (supostamente) o instituíram. Diferenciando-se cada vez mais da sociedade, o Estado manipula o poder como se fosse uma pessoa poderosa a nos esmagar. Hobbes captou essa sensação do poder do Estado na sua caracterização do monstruoso "leviatã" criado pelos indivíduos, mas solto logo em seguida para fazer o que lhe convém. Não há dúvida de que até hoje muitas pessoas sentem que "o Estado" não está aí para proteger a liberdade delas, mas é antes um poder prepotente disposto a restringir a sua liberdade sempre que possível. A natureza do Estado e o poder que possui, no entanto, não são fáceis de caracterizar. Na verdade, são questões profundamente controvertidas na filosofia política. Este capítulo está focado nas estruturas teóricas que oferecem narrativas críticas da relação entre o Estado e o poder: marxismo, feminismo e pós-estruturalismo. Antes de entrar nessa discussão, porém, vale dizer algumas palavras sobre a própria ideia de Estado.

O Estado é definidamente uma forma moderna de organização (muito embora alguns filósofos políticos e cientistas políticos prefiram usar o termo Estado como designação de todas as formas de organização política, nesse caso referem-se ao "Estado moderno". Na Europa, os Estados começaram a emergir dos centros difusos de poder que caracterizaram a cristandade medieval. Esses Estados foram estabelecidos como territórios circunscritos a serem tratados como entidades soberanas; isto é, entidades que detinham poder supremo sobre seus próprios negócios. Michael Oakeshott, porém, apresenta uma definição mais ampla do Estado. Os traços que definem o Estado, de acordo com Oakeshott (1991), são que ele está autorizado a reger o povo, tem o poder de assim se fazer investido no "aparato de governo", e as pessoas que são regidas estão obrigadas umas com as outras como cidadãs – isto é, estamos obrigados como membros da comunidade política, em vez de, por exemplo, como seguidores da mesma religião, ou membros da mesma tribo ou família. Deveríamos acrescentar que um dos traços que definem o Estado é que ele usa sua autoridade e poder no âmbito de um território como base na qual fundamente relações externas, ou o que comumente chamamos relações internacionais, com outros Estados. Na verdade, os Tratados de Vestfália, em 1684, que puseram fim à Guerra dos Trinta Anos, geralmente são concebidos como o momento histórico definidor de quando pela primeira vez se reconheceu que estava estabelecida uma Europa de Estados.

O que estas observações revelam é que o Estado tem duas faces: engloba o poder *sobre* as pessoas no seu território e expressa o poder *do* povo ao agir "em seu nome". Embora não contraditório, como vimos no último capítulo, esse aspecto dual é digno de maior investigação. Na verdade, para muitos filósofos políticos, o entrelaçamento de poder que o Estado engloba é indicativo de correntes mais profundas de poder que estão operantes no âmbito das nossas relações sociais, econômicas, e mesmo de gênero. A fim de entender o Estado, precisamos perceber como o poder opera dentro e através do Estado. Uma das narrativas mais convincentes de onde reside o poder "real" do Estado encontra-se na obra de Karl Marx.

O ESTADO CAPITALISTA

Voltando nossa atenção a Marx, veremos que a dimensão histórica da teoria política que Rousseau começou a desenvolver (veja o Capítulo 2) se torna muito mais explícita e complicada, mas também (eu sugiro) mais compensadora e desafiadora. Em especial, aquilo a que nos referimos como a "concepção materialista da história" de Marx lança nova luz sobre o papel do Estado na vida política moderna, ao concebê-lo como "um comitê para gerir os assuntos comuns de toda a burguesia" (McLellan, 2000: 247). A fim de demonstrar que essas afirmações ousadas não são meros floreios retóricos, embora também o sejam, é necessário reconstruir com cuidado a filosofia política de Marx; enquanto isso, porém, mantendo o foco nas suas observações sobre o poder do Estado.

Podemos iniciar com uma breve história da filosofia. O filósofo alemão do século XVIII, Immanuel Kant, é figura basilar no desenvolvimento da filosofia moderna porque sua crítica do racionalismo e do empiricismo (revelando os pressupostos comuns que motivam essas posições filosóficas aparentemente distintas) desencadeou na filosofia um novo método crítico que tem como função primária delinear o que do mundo podemos legitimamente conhecer como seres humanos – e, de modo contrário, o que como seres humanos jamais poderemos saber acerca do mundo. Para Georg W. F. Hegel, que escreveu no limiar do século XIX, a filosofia crítica de Kant foi inspiradora, mas muito branda. De acordo com Hegel, os filósofos não podem contentar-se em estabelecer os limites do conhecimento ou em demarcar áreas inteiras de investigação como simplesmente incognoscíveis. Para Hegel, a filosofia ou é busca do saber absoluto, ou não é nada. A busca do saber absoluto, porém, não é algo que os filósofos possam conduzir a distância. Para Hegel, a filosofia é uma forma de pensamento, e o pensamento é parte do mundo, assim conhecer o mundo e conhecer filosofia se tornam parte do mesmo processo (não sendo assim haveria um limite, uma demarcação ou divisão entre "filosofia" e "pensamento" e "o mundo" que impediria o conhecimento absoluto). Importante é que Hegel concebeu a busca do conhecimento absoluto como *processo*: a história do mundo se desenrola e, ao fazer assim, a filosofia se desenrola ao lado, cada uma reduplicando a outra de maneira complexa. Qual é a força fundamental que faz a história e as ideias avançarem? Hegel a chama o "poder do negativo", e esse poder significa que o desenvolvimento histórico e o desenvolvimento de ideias são impelidos pela oposição e tensão. Cada vez que surge um novo fenômeno, um estilo de vida ou uma ideia, a possibilidade de sua negação, o seu oposto, surge também. Por exemplo, quando os ideais revolucionários da Revolução Francesa foram declarados em 1789, Edmund Burke já estava confeccionando o tratado que fez nascer o conservadorismo moderno: sua *Reflexões sobre a Revolução na França*. A tensão entre a emergência do novo e a emergência do seu oposto confere impulso à história porque a tensão que emerge entre, digamos, republicanismo revolucionário e conservadorismo é tal que as pessoas se empenham por superá-la na esperança de sintetizar o melhor dessas ideias opostas. Por certo, qualquer nova síntese de forças opostas que emergir fará brotar uma nova oposição, e a humanidade, de acordo com Hegel, é impelida novamente a resolver essa nova tensão, e assim até se atingir uma síntese final, o que significa que já não há oposições ou tensões. Nessa altura, de acordo com Hegel, a humanidade terá alcançado a realização plena – uma vida sem tensão, contradição ou limites – e nós finalmente teremos conhecimento absoluto do mundo e do nosso lugar nele. O movimento padronizado da história e do pensamento progredindo no sentido da resolução final de toda oposição é o que Hegel chama *dialética*.

A *Fenomenologia do espírito* de Hegel é um relato de como, se começarmos com a simples ideia de que as coisas são dadas no aqui e agora e dadas imediatamente aos nossos sentidos, isso necessariamente provoca uma série de oposições e tensões que conduzem a razão humana no sentido da ideia de conhecimento absoluto (um relato que se entretece para dentro e fora da história de maneiras complexas). No entanto, apesar de toda ousadia e inventividade de Hegel, precisamos nos dar conta de sua linhagem filosófica. Ao colocar que podemos decifrar a história do conhecer e a história do mundo uma ao lado da outra, Hegel estava firmemente posicionando suas ideias no interior da tradição do que os filósofos atualmente chamam idealismo alemão. Idealismo é a afirmação de que conhecemos o mundo conhecendo as ideias que temos acerca do mundo. Essa tradição teve início com o enfoque, centrado no sujeito, do conhecimento e, como vimos, a dificuldade que acompanha esse idealismo é que significa que não podemos conhecer nada do mundo como realmente é: nós o conhecemos assim como nos aparece, mas não como é em si mesmo. O enfoque dialético de Hegel representa a culminância dessa tradição porque afirma que nós podemos superar essa barreira dentro da tradição idealista, se mapeamos o desenvolvimento da mente e do pensamento através da história no sentido de sua reconciliação final com o mundo como é. Em outras palavras, Kant havia entendido mal os limites historicamente contingentes do nosso conhecimento, vendo-os como limites universais; Hegel sustentava que o desenvolvimento do entendimento humano estava necessariamente destinado a superar esses limites à medida que se desenvolve nossa habilidade de raciocinar. Na *Filosofia do Direito*, seu principal tratado político, Hegel empregou o seu método dialético para discutir a vida social e política. A culminância da existência social e política, argumentava Hegel, é o Estado moderno: é a forma perfeitamente racional de harmonizar as exigências, que entre si competem, de liberdade individual e liberdade coletiva. Hegel é um defensor da liberdade positiva: "eu sou verdadeiramente livre quando o outro também é livre e é por mim reconhecido como livre" (1971: 171). O mecanismo para esse reconhecimento recíproco é a vida coletiva que somos capazes de viver no interior de um Estado. Se a lei incorpora esse reconhecimento, o próprio

Estado é livre e racional, e todas as pessoas são capazes de realizar seu próprio potencial como seres humanos, agindo conjuntamente no interior do mesmo. Em um Estado livre, organizado racionalmente:

> ... o ser humano é reconhecido e tratado como ser racional, como livre, como pessoa; e o indivíduo ao seu lado torna-se digno desse reconhecimento superando o estado natural de sua autoconsciência e obedecendo a uma vontade universal, a vontade que essencial e atualmente quer, a lei; ele se conduz, portanto, em relação aos outros de um modo que é universalmente válido, reconhecendo-os – como deseja que os outros o reconheçam – como livres, como pessoas. (1971: 172)

Uma autoridade soberana, portanto, possui autoridade precisamente quando expressa o desejo universal de ser reconhecida e de reconhecer outros como seres livres e racionais. Qualquer Estado que não trata cada um dos que vivem nos seus territórios como pessoas livres, é um Estado mutilado ou deformado, que, inevitavelmente, será diluído e eventualmente transformado em Estado no qual a liberdade de todos está consagrada em cada fibra do governo. Podemos perceber a ligação com a concepção de Rousseau da vontade geral, mas ainda existe uma distância significativa entre a colcha de retalhos que é a narrativa histórica de Rousseau e a lógica dialética de Hegel do desenvolvimento histórico. De acordo com Hegel, a autoridade do Estado, plenamente realizada, incorpora conhecimento absoluto quando o racional é tornado real, e o real, tornado racional. Por curioso que nos possa parecer hoje, Hegel acreditava que a forma absoluta do Estado (o Estado racional tornado real, o Estado real tornado racional) seria uma monarquia constitucional com um legislativo bicameral (um órgão legislativo como tiara) e serviço civil, vinculado por um sistema de controles e equilíbrios. Coube a Marx revelar as tensões e contradições internas nessa forma de governo; e com essas divisões e oposições tal Estado, pela lógica do próprio Hegel, não poderia ser a forma mais racional de governo. Ainda assim, por mais que Marx fosse profundamente crítico de Hegel, é de importância crucial entender que ele adotou a ideia de Hegel do desenvolvimento dialético da história. Como veremos, Marx tomou a estrutura do conceito de Hegel da lógica dialética e do desenvolvimento histórico, mas trocou-lhe o conteúdo (Cohen, 1978). Podemos entender o complexo relacionamento filosófico de Marx com Hegel atentando para a influência de um pensador menos conhecido, mas importante, Ludwig Feuerbach, na interpretação de Marx do método dialético de Hegel.

No livro, *A essência do cristianismo*, Feuerbach invocou o que ele chamava de "criticismo transformacional" para a tarefa de inverter a concepção comum da relação entre Deus e a humanidade. Divergindo da visão teológica de que os seres humanos são seres criados por Deus, Feuerbach sustentava que Deus era uma ideia concebida pelos seres humanos. Os seres humanos, de acordo com Feuerbach, criam Deus com vistas a explicar o inexplicável; isto é, para postular um mundo de harmonia além do caos e da imprevisibilidade da vida cotidiana: "na religião o homem objetiva sua própria natureza latente" (1957: 18). Sem deixar de ser interessante por si mesmo (o texto constitui um marco no desenvolvimento do ateísmo), o ponto importante em relação ao desenvolvimento das ideias de Marx é o argumento de Feuerbach de que a filosofia dialética de Hegel era, na verdade, uma forma de religião. Em suma, Feuerbach sustenta que o idealismo é indistinguível da especulação teológica e, como tal, pode ele próprio ser desmascarado como forma de labuta humana a demandar explicação antropológica. A busca de Hegel pelo conhecimento absoluto e sua perseguição especulativa do progresso da mente através da história e da filosofia, de acordo com Feuerbach, é uma forma da autoalienação da humanidade. A única maneira de explicar por que os seres humanos estariam buscando tais certezas do outro mundo consiste em analisar a existência material da humanidade que leva as pessoas a colocarem as suas esperanças e sonhos em Deus ou, e também, em filosofias idealistas da mente. Enquanto a vertente mais tradicional, conservadora, da reação imediata a Hegel consistia em trabalharem os filósofos as consequências teológicas de sua obra com vistas a demonstrar que ele havia definitiva e decisivamente harmonizado religião e ciência, Feuerbach tomou um caminho radicalmente diferente. Ele propôs um novo enfoque objetivando demonstrar que o idealismo de Hegel não é a culminação da filosofia, mas apenas o fim do idealismo alemão na filosofia. Uma vez exposta a teoria hegeliana como filosofia especulativa, está aberto o caminho para emergir uma nova filosofia materialista centrada no homem.

Não há dúvida de que Marx foi imediata e profundamente influenciado pela crítica antropológico-materialista de Feuerbach ao idealismo hegeliano. No entanto, mesmo nos anos iniciais, quando Marx adotou completamente a linguagem e o método de Feuerbach – nos anos em que se considerava um feuerbachiano – Marx sempre tinha um enfoque mais social-político e crítico. O estudo, parágrafo por parágrafo, da *Filosofia do Direito* de Hegel por parte de Marx é o exemplo primordial e óbvio disso, ao evidenciar o emprego do enfoque transformativo por parte de Marx (McLellan, 2000: 33-42).

Assim, por exemplo, ele reelabora a afirmação de Hegel de que o Estado "determina" a sociedade civil e inverte de forma que, argumenta Marx, o Estado atualmente é determinado pelas forças no interior da sociedade civil. Em linguagem feuerbachiana, Marx argumenta que Hegel mistificou o Estado como "sujeito" capaz de agir como se fosse uma pessoa real, em vez de analisar o Estado como consequência das atividades de pessoas reais. O teor da sua crítica é repetido em diversos dos importantes textos iniciais escritos por Marx. Com respeito à sua análise do Estado, dois desses textos iniciais são dignos de particular menção: "Sobre a Questão dos Judeus" (Mc Lílian, 2000: 46-70) e "Para uma Crítica da *Filosofia do Direito* de Hegel: Introdução" (McLellan, 2000: 71-82).

A "Questão dos Judeus" a que se refere o primeiro desses textos, surgiu como resultado de apelos em favor de liberdade religiosa para os judeus na Alemanha em meados do século XIX. Bruno Bauer, que era um leitor muito influente da obra de Hegel, reagiu a esses apelos argumentando que a liberdade para os judeus seria vazia e sem sentido, a não ser que se desse no contexto de liberdade para todos (os cidadãos) em um Estado (alemão) completamente livre. O ensaio de Marx é uma reação a Bauer que procura radicalizar ainda mais a posição aparentemente radical de Bauer. Marx argumenta que a ideia de um Estado livre da religião não significará o fim da religião; por conseguinte, não será o fim da alienação de si da humanidade (note novamente a influência de Feuerbach). Essa ideia se desenrola no ensaio de forma que continua sendo pertinente à vida política contemporânea. Enquanto Bauer proclamava que a liberdade política para todos era a pré-condição da emancipação para os judeus, Marx argumentava que a emancipação política não era a mesma coisa que "emancipação real, humana." Ele destacou o fato de que as democracias seculares existentes no seu tempo (particularmente os Estados Unidos da América e a França) eram sociedades ainda eivadas de fervor religioso. De acordo com Marx, estava claro que o Estado secular não podia garantir a liberdade de religião porque Estados democráticos e seculares permitiam à religião florescer no âmbito privado. Nesse sentido, argumentava Marx, o Estado liberal democrático age como guardião sub-reptício da alienação religiosa da humanidade em relação ao seu real potencial. Um Estado livre, portanto, não é simplesmente o que está livre da religião na vida política, mas é o que conseguiu superar a religião também na sociedade.

Na obra *Sobre a Questão dos Judeus*, a crítica de Marx a Hegel é indireta, pois é feita por meio da crítica a Bauer. Nesses primeiros anos, porém, Marx estava envolvido com uma investigação detalhada e profunda da *Filosofia do Direito* de Hegel. A "Introdução", escrita alguns meses depois da leitura detalhada mencionada anteriormente, constitui uma fonte essencial para o seu relacionamento com Hegel. Nesse texto, Marx argumenta (como, na época, bom feuerbachiano) que a crítica à religião é pré-requisito de toda crítica social e política. O fato não é apenas que as autoridades religiosas têm tanta ascendência sobre as autoridades políticas, muito embora na Alemanha de Marx a tenham tido; é antes que, na esteira de Hegel, a crítica à religião precisa ser um pré-requisito filosófico de toda crítica por causa da dimensão religiosa do apelo de Hegel ao conhecimento absoluto. Dito isso, Marx volta sua atenção aos detalhes do Estado racional de Hegel para sustentar que a defesa de Hegel dos burocratas como classe imparcial e, por isso, universal da vida social e política (a classe apta a expressar os interesses de todos) era lamentavelmente deficiente de compreensão das realidades das administrações burocráticas, porque elas tendiam a servir aos seus próprios interesses em vez daqueles do povo. Ainda assim, Marx adota a concepção de classe universal, e é nesse texto que testemunhamos as primeiras manifestações de uma ideia que para sempre vai ostentar seu nome: o proletariado, sustenta ele, é a classe de pessoas que carrega os interesses de todos no seu poder e relações de trabalho. Como tal, e recuperando temas "Sobre a Questão Judaica", Marx sustenta que emancipação real, humana, só ocorrerá quando o proletariado obtiver controle do Estado – controle que precisa ser conquistado mediante sublevação revolucionária.

Antes de prosseguir delineando o desenvolvimento dessas ideias em Marx, vale a pena fazer uma pausa de novo para refletir sobre o seu relacionamento com Hegel e Feuerbach. Tendo usado as ideias de Feuerbach para apoiar sua crítica ao idealismo de Hegel, Marx ficou cada vez mais insatisfeito com o materialismo de Feuerbach em si. Ainda que não pudesse concordar com o idealismo de Hegel, não deixou de sentir a força do seu dialeticismo. Eis um excerto das "Teses sobre Feuerbach" de Marx:

> O defeito principal de todo materialismo existente até agora (inclusive o de Feuerbach) é que a coisa, a realidade, o sensório é conhecido tão somente na forma do objeto ou da contemplação, mas não como atividade humana sensorial, prática, não subjetivamente. Daí que, em contato com o materialismo, o lado ativo foi desenvolvido abstratamente pelo idealismo – o que, obviamente, não conhece tal atividade sensória real. (McLellan, 200:171)

Na verdade, Marx julgava haver sintetizado os melhores elementos de duas tradições opostas – idealismo dialético e materialismo antropológico – e o resultado é muitas vezes chamado materialismo dialético (muito embora o próprio Marx usasse o termo apenas raramente). Uma compreensão dialética e materialista da história é uma "grande narrativa" (ver Capítulo 7) do desenvolvimento histórico de relações humanas sobre a base "real" da produtividade humana, em vez de sobre a base ilusória da concepção de Hegel da "mente" ou do "espírito," usando uma oposição lógica para atingir um ponto final (em vez das generalizações antropológicas estáticas de Feuerbach). Pode ser, porém, que a síntese de Marx dessas duas tradições não tenha sido sua grande façanha, mas tenha sido antes seu desarranjo conceitual. Foi essa a conclusão de muitos filósofos no século XX que sustentaram que a fonte do idealismo de Hegel não foi só ou não principalmente sua religiosidade latente, mas o próprio método dialético. É possível que haja algo intrinsecamente idealista na lógica dialética, de tal forma que "materialismo dialético" seja na verdade uma contradição nos termos. Não obstante, o desenvolvimento das ideias iniciais de Marx pode ser entendido como sendo primeiro uma crítica feuerbachiana a Hegel (do idealismo ao materialismo) e, depois, uma crítica hegeliana a Feuerbach (do materialismo estático ao materialismo dinâmico ou dialético). Entretanto, tendo estabelecido que, em termos gerais, Marx adote a perspectiva histórica de Hegel, vale a pena analisar como Marx articulou o conteúdo materialista no âmbito da estrutura dialética. Em outras palavras, o que é que Marx considerava a força propulsora "real" da história?

No sistema filosófico de Hegel, a força propulsora lógica da história era o poder do negativo, conforme manifestado em lutas efetivas por reconhecimento; ou seja, em pessoas que estavam lutando por serem reconhecidas como indivíduos plenos em um mundo no qual cada um é identificado dessa maneira. Marx argumenta que isso é típico da análise excessivamente idealista de Hegel da interação humana; Hegel deixa de reconhecer que os seres humanos precisam trabalhar no mundo, e que trabalhar conjuntamente com os demais, a fim de sobreviver, é ainda mais fundamental que o desejo de reconhecimento. Se nós não produzíssemos os meios da nossa subsistência, não poderíamos de forma alguma expressar nosso desejo de sermos reconhecidos. Por conseguinte, sustenta Marx, o motor real da história, a forma da interação humana que realmente impulsiona a história, é a luta em relação ao labor produtivo. Essa se manifesta como luta entre classes econômicas: "A história de toda a sociedade até o momento é a história da luta de classes" (McLellan, 2000:246). Em termos mais simples, sempre existiu na sociedade conflito entre os que controlavam o que se produzia e aqueles que o produziam. É interessante que, quanto mais retrocedemos, mais complicada se torna a imagem, em termos de múltiplas e reduplicativas gradações ou classes de pessoas. A emergência do capitalismo a partir do feudalismo, porém, trouxe consigo a simplificação do antagonismo de classes que, de acordo com Marx, dividiu gradualmente a humanidade toda em "dois campos hostis": o burguês e o proletário. Os burgueses são a minoria que detêm os meios de produção, e o proletariado é a grande maioria que precisa vender seu labor à burguesia para sobreviver. De acordo com Marx, é essa a oposição básica na sociedade contemporânea que nenhuma imposição com as credenciais democráticas do Estado liberal conseguirá por si resolver. Enquanto as pessoas estiverem obrigadas a vender parte de si mesmas, seu labor, a outros, não pode haver "reconhecimento entre iguais." Por conseguinte, a solução para o antagonismo de classes não se encontra no Estado democrático moderno, mas no sistema econômico pós-capitalista: "Em lugar da velha sociedade burguesa, com suas classes e antagonismos de classes, teremos uma associação, na qual o livre desenvolvimento de cada um é a condição para o livre desenvolvimento de todos" (McLellan, 2000:262). Na ordem econômica pós-capitalista não haverá classes, e sem classes, sem antagonismo, não haverá necessidade de um Estado para conciliar os interesses conflitantes dos indivíduos e das classes. A seu tempo o Estado simplesmente "deixará de existir" (McLellan, 2000:223).

Ainda que essas concepções utópicas integrem a filosofia política de Marx (por representarem herança direta da dialética hegeliana), cabe afirmar que Marx sabiamente não detalhou muito como seria a vida pós-capitalista. Refletiu, porém, extensamente sobre o papel do Estado nas sociedades capitalistas. Em termos gerais, Marx sustenta que "todas as lutas no interior do Estado, a luta entre democracia, aristocracia e monarquia, a luta pelas franquias, etc. são apenas formas ilusórias nas quais são travadas as verdadeiras lutas entre as diferentes classes" (McLellan, 2000: 169). Em termos mais incisivos, trata-se de formas ilusórias que servem aos propósitos subjacentes da burguesia, desviando a atenção das lutas reais e naturalizando a competição entre as pessoas como o capitalismo requer para suster-se. Em outras palavras, o Estado tem um propósito ideológico, e as diversas tentativas para justificar a autoridade do Estado (tais como as teorias do contrato social do capítulo anterior) são realmente suportes ideológicos que sustentam os interesses do capital: "O que mais a história das ideias prova senão que a produção intelectual altera seu caráter na proporção em que se altera a produção material? As ideias dominantes de cada período têm sido as ideias da classe dominante" (McLellan, 2000: 260). As tentativas liberais de justificar o poder do Estado fundamentam-se em pressupostos como o de que a competição, e a desigualdade baseada na propriedade privada, é natural; o próprio mercado livre é um fenômeno natural, e a ganância pode ser boa: de acordo com Marx, tais suposições simplesmente servem ao propósito de legitimar não o Estado, mas o acúmulo de poder maciço por uma pequena minoria que possui os meios de produção e a grande miserificação da vasta maioria que não os possui. A seguinte passagem de *A Ideologia Alemã* resume bem a concepção do Estado de Marx:

> Caso se entenda o poder como fundamento do direito, como Hobbes e outros fazem, então o direito, a lei, etc. são meramente sintomas, a expressão de outras relações sobre as quais o Estado repousa. A vida material dos indivíduos, que de forma alguma depende apenas de sua "vontade," e sim do modo de produção e da forma de convívio, que mutuamente determinam um ao outro – essa é a base real do Estado e assim permanece sendo em todos os períodos em que a divisão do trabalho e a propriedade privada são ainda necessárias, independentemente da vontade dos indivíduos. As relações efetivas não são de forma alguma criadas pelo poder do Estado; mas são, ao contrário, o poder que o cria. (McLellan, 2000:184)

O ESTADO PATRIARCAL

E se porventura Marx tiver entendido mal a verdadeira natureza do poder do Estado? Pode ser que o Estado não seja primordialmente expressão política de uma divisão econômica na sociedade, mas uma organização que sustenta uma divisão ainda mais profunda entre as pessoas: a divisão entre homens e mulheres, e a subordinação das mulheres aos homens? Afinal, há na obra de Marx uma reveladora desatenção para com as mulheres (ainda que seu colaborador e cultor Frederick Engels estivesse mais consciente da necessidade de discutir a situação das mulheres). De acordo com Catharine MacKinnon:

> Max achava ridículo discutir valor e classe como se fossem dados naturais. Ele criticava acerbamente as teorias que discutiam classe como se brotasse espontaneamente e operasse mecanicamente, embora harmoniosamente em acordo com leis naturais. Ele identificava tais teorias como justificativas

para um *status quo* injusto. Mas é essa exatamente a maneira como discutia o gênero. Mesmo quando as mulheres produziam bens de consumo como trabalhadoras assalariadas, Marx escreveu sobre elas primordialmente como mães, donas de casa e integrantes do sexo fraco. Sua obra tem em comum com a teoria liberal a concepção de que as mulheres pertencem naturalmente aos lugares onde são socialmente colocadas. (1989:13)

Sem entrar nos detalhes de sua crítica a Marx, esta seção vai adotar MacKinnon no que se refere à crítica do Estado liberal como defensor do poder patriarcal. Como jurista praticante, acadêmica e ativista, MacKinnon tem produzido obras sobre o Estado que se tornaram muito influentes em questionar os ideais liberais da igualdade e direitos abstratos. Como veremos, um dos exemplos que ela usa para problematizar esses ideais é a legislação "paradoxal" relativa à pornografia.

A teoria liberal assim como os Estados democráticos liberais valorizam muito a igualdade, especialmente no tratamento igual perante a lei. Em termos simples, um dos pilares da ideologia liberal é que a lei precisa tratar a todos com igualdade. É esse pilar da ideologia liberal que MacKinnon submete à crítica a partir de uma perspectiva feminista. Ela enfatiza o que considera uma contradição no cerne da legislação liberal do sexo. Em suas próprias palavras:

> Socialmente se distingue uma mulher de um homem pela diferença entre um e outro, mas só se reconhece que a mulher está sendo discriminada à base do sexo quando antes se disse que ela é como o homem... A igualdade sexual torna-se uma contradição de termos, algo como um oxímoro (1989:216).

Ao tentar levar adiante uma alegação de tratamento desigual com base em discriminação sexual, a mulher precisa provar de que forma ela recebeu tratamento distinto pelo fato de ser mulher, mas só quando convidada a considerar se um homem "na mesma situação" teria sido recompensado ou punido da mesma forma, por exemplo, em termos de remuneração ou promoção. De acordo com MacKinnon, essa exigência na verdade nega as diferenças entre os sexos, as quais se presume tenham inicialmente provocado o problema. Ela prossegue argumentando que essa exigência contraditória pressupõe um entendimento confuso de sexo/gênero no âmbito da lei. As estruturas legais reconhecem algumas diferenças entre os sexos como naturais e fixas, e outras, como produto da sociedade e, por isso, potencialmente arbitrárias. Presume-se que a legislação sobre igualdade de sexo deva remover as últimas, uma vez que essa diferenciação arbitrária equivaleria a "discriminação sexual". Mas chamar isso de "discriminação sexual" causa confusão, e essa confusão frequentemente resulta em que as causas das mulheres sejam vistas como causas que não são matéria de lei porque, em última análise, têm a ver com a "diferença sexual natural". Em outras palavras, a discriminação, em termos de papéis de gênero socialmente construídos, muitas vezes é vista como um caso de diferença sexual natural que a lei não pode abarcar ou vedar. Dessa maneira, as tensões no interior de estruturas legais liberais relativas ao relacionamento entre sexo e gênero servem para promover o poder inerentemente patriarcal do sistema legal.

Mas o que dizer da enxurrada de políticas de "ação afirmativa" que foram introduzidas na legislação liberal? Não é assim que os Estados liberais têm consagrado proteção legal para a "diferença", em vez de simples reprise legal de "discriminação"? Em todos os setores da vida pública e em muitas áreas dos negócios privados, as diferenças de gênero supostamente estão sendo ativamente promovidas e celebradas. MacKinnon, porém, sustenta que a afirmação legal da diferença não resolve radicalmente a contradição que suporta os argumentos de igualdade legal. Em suas próprias palavras:

> O gênero sequer contaria como diferença, poderia não significar distinção epistemologicamente, não fossem as consequências para o poder social. Distinções de corpo e mente ou conduta são apontadas como causa antes que efeito, sem entender que são, de maneira tão profunda, efeitos mais do que causa, que até o apontá-las constitui um efeito. Primeiro vem desigualdade; a diferença vem depois... Sendo assim, um discurso e uma lei acerca do gênero que se concentram na diferença servem como ideologia para neutralizar, racionalizar e encobrir disparidades de poder, até mesmo quando aparentam criticá-las ou problematizá-las. A diferença é a luva de veludo a recobrir o punho de ferro da dominação (1989:219).

Em suma, idealizar as diferenças de gênero é reforçar as estruturas de desigualdade de gênero que conduzem à ideia de que os gêneros são para começar "diferentes." Para MacKinnon, as correntes da legislação liberal, tanto as da "igualdade" como as da "diferença," ocultam a realidade de que "o homem é a medida de todas as coisas." Ou a "mulher" é medida em relação ao homem e contada como igual ou a "mulher" é medida em relação ao homem e contada como diferente. Os enfoques igualdade/diferença proporcionam "duas maneiras de a lei confrontar as mulheres com um padrão masculino e de chamar isso igualdade sexual" (1989:211).

Algum defensor do Estado liberal bem que poderia responder a MacKinnon nesta linha: ao identificar as impropriedades do sistema liberal assim como está, MacKinnon evidencia como as igualdades formais (baseadas seja em igualdade, seja em diferença) precisam ser repensadas a fim de promover igualdade real, substancial na vida social e política. A melhor maneira de fazê-lo é apelar para a doutrina liberal dos direitos humanos: afinal de contas, usar tal discurso tem sido de importância fundamental para provocar mudanças positivas nos sistemas legais de democracias liberais, há muitos séculos. Ocorre, porém, que MacKinnon afirma que o discurso dos direitos é tão problemático como a legislação da igualdade dos sexos.

Ecoando Marx, ela argumenta que "ser uma pessoa, um indivíduo abstrato com direitos abstratos, pode ser um conceito burguês, mas o seu conteúdo é masculino" (1989: 229). De maneira semelhante à sua argumentação sobre a igualdade sexual, MacKinnon assevera que "o direito da mulher" ou é o direito de ser como um homem, ou o direito de ser diferente do homem; seja como for, o conceito de "homem" persiste como medida e, por isso, determina o conteúdo da ideia formal de direitos. Conjugando essas questões, "a igualdade abstrata jamais incluiu aqueles direitos de que as mulheres enquanto mulheres mais necessitam e nunca receberam" (1989: 229). Afora isso, os direitos liberais são atribuídos aos indivíduos enquanto indivíduos. Por consequência, esses direitos não reconhecem que o dano que se inflige a indivíduos, dano contra o qual caberia aos direitos protegê-los, muitas vezes tem caráter estrutural mais do que individual. Por exemplo, o dano que se inflige às mulheres em Estados liberais democráticos (além de outros) reside não apenas em indivíduos com mentalidades patriarcais, mas também no próprio sistema patriarcal. Assim sendo, reivindicar um direito em contexto liberal é aceitar que o dano seja definido de maneira "individualizada, atomística, linear, exclusiva, isolada, especificamente semelhante a crime – em suma, de maneira positivista" (1989:208). Entretanto, o mal cometido contra as mulheres, sustenta MacKinnon, nem sempre é desse tipo, porque suas fontes, razões e expressões remontam às estruturas patriarcais de vida de todos os dias. Isso é indicativo de mais um problema que há na defesa dos direitos liberais. Os direitos naturais são tipicamente concebidos negativamente: isto é, os indivíduos têm direitos contra os braços abarcantes do Estado. Isso pressupõe que a vida cotidiana esteja basicamente bem ordenada, e que é preciso o Estado violar essa ordem para que possamos legitimamente invocar contra ele os nossos direitos. Isso, segundo MacKinnon, seguramente ignora o fato de que a sociedade é patriarcal até a medula. Em contraste com a concepção liberal predominante, MacKinnon apresenta uma concepção alternativa (liberal?) como meio para o fim de alcançar igualdade real, substancial, não apenas igualdade formal perante a lei. "Os direitos das mulheres assim compreendidos não seriam direitos contra o Estado ou contra indivíduos (homens ou mulheres), mas direitos para garantir o fim das estruturas patriarcais. Um direito deveria ser um direito à igualdade, não contra a desigualdade.

Podemos observar a expressão de algumas dessas questões na análise e crítica de MacKinnon à pornografia. É assim que ela define pornografia:

> Na sociedade industrial contemporânea, a pornografia é uma indústria que produz em massa o assédio, o acesso, a posse e o uso de mulheres pelos homens a bem do lucro. Explora a desigualdade sexual e econômica das mulheres para lucrar. Ela vende as mulheres aos homens como e para sexo. É um tráfico de mulheres tecnologicamente sofisticado (1989:195).

Essa definição nos aparta imediatamente da ideia de que a pornografia seja tão somente uma forma de representação. O discurso comum acerca da pornografia tende a supor que seja uma forma de representação, e então discute se determinadas representações são eróticas ou pornográficas. Em termos legais, essa concepção de pornografia está cristalizada na ideia da obscenidade. MacKinnon, porém, argumenta que "o padrão da obscenidade deriva do que o sexo masculino vê. Isso ocorre não só porque a maioria dos juízes são homens, embora assim seja; tem mais a ver com o fato de que a imagem pornográfica da mulher (em primeira linha, a imagem comum de pornografia é a da mulher fazendo sexo à força) está tão profundamente arraigada nas estruturas sociais da vida contemporânea, que a própria ideia de tentar distinguir erotismo de pornografia em termos de obscenidade parece não fazer sentido. "A pornografia", declara ela, "institucionaliza a sexualidade da supremacia masculina, que mistura a erotização da dominação e submissão na construção social do masculino e feminino" (1989: 197). Por conseguinte, "a obscenidade dos homens não é a pornografia da mulher. Obscenidade tem a ver com o que faz os homens corarem, e as mulheres, sangrarem" (1989:199). Em face disso, sustenta MacKinnon, a pornografia não está baseada numa ideia da maneira certa ou errada de representar sexo, mas de fato constitui o cerne de um processo de desigualdade estruturada que prejudica as mulheres em geral. Assim sendo, "a questão não é qual seja o dano da pornografia, mas como o dano da pornografia há de tornar-se visível," porque "quando a pornografia consegue construir a realidade social, ela se torna invisível como dano" (1989:204).

E o que dizer da liberdade de expressão, arquétipo da liberdade liberal? Ainda que aspectos da indústria pornográfica possam prejudicar algumas mulheres, será possível retificar esses desvios e abusos sem deixar de promover o principal objetivo liberal de desenvolver um ambiente legal que garanta a liberdade de expressão? Considerando a conceituação da pornografia por MacKinnon como elemento que integra a estruturação patriarcal da realidade social, o apelo liberal à livre expressão, seja em defesa da pornografia, seja em debates sobre o fato de que restringir a pornografia importaria em violar a livre expressão, perde todo o sentido, porque "a livre expressão dos homens reduz ao silêncio a livre expressão das mulheres" (1985: 205). Está em jogo, de acordo com MacKinnon, a tese implícita de que a pornografia é um meio de garantir uma imagem sexualizada masculina da mulher como parte da realidade social de ser mulher. Argumentar do ponto de vista liberal que representações de sexo sejam pornográficas tão somente quando obscenas, ou que a pornografia é admissível enquanto não resulta em dano direto a um indivíduo, ou que só possa ser criminalizada como elemento de outro crime (por exemplo, um ato de violência) – todos esses argumentos desconhecem o fato de que "a pornografia não funciona sexualmente sem hierarquia de gênero". O reiterado estribilho da crítica das estruturas democráticas liberais do Estado moderno por parte de MacKinnon refere-se ao fato de se desconhecer a fundamental (ou seja, estrutural e sistêmica) desigualdade entre os sexos que organiza a sociedade hierarquicamente. As contestações liberais da desigualdade sexual presumem equivocadamente um campo plano para começar: MacKinnon sustenta que um campo patriarcal foi estabelecido há muito tempo e que o Estado moderno sustenta a desigualdade, de forma a opor-se às exigências das mulheres de igualdade real. Veremos mais adiante (Capítulo 7) que muitas feministas percebem o campo de jogo patriarcal como fundamentado não "só" em desigualdades estruturais profundamente incorporadas à sociedade, mas de fato na própria tessitura da "ordem simbólica" que torna a sociedade possível.

TRÊS DIMENSÕES DO PODER

Embora Marx e MacKinnon apresentem fortes razões para se acreditar que o Estado serve aos interesses de uma classe e um gênero particular em vez de ser simplesmente um organismo autorizado a proteger nossas liberdades, há uma sensação de que essas amplas críticas do Estado liberal moderno realmente não apresentam uma avaliação suficientemente discriminada do poder. É possível que tenhamos necessidade dessa versão mais discriminada para compreender como o Estado funciona. Foi com o nascimento da ciência política (na esteira da revolução behaviorística nas ciências sociais na década de 1950) que os teóricos de inclinação mais positivista procuraram superar o que percebiam como definições vagas de conceitos, tais como classe e poder, com vistas a uma definição de poder que pudesse ser medida e quantificada. De modo particular a atenção se concentrou no Estado liberal democrático americano das décadas de 1950 e 1960.

Foi o trabalho pioneiro de Robert Dahl, *Quem Governa? Democracia e Poder na Cidade Americana* (1961), que desencadeou um debate que se tornou conhecido como o debate sobre as faces ou dimensões do poder. Dahl, um cientista político americano, estava pesquisando a distribuição do poder na vida política americana após a Segunda Guerra Mundial. De forma especial, procurava descobrir se o poder estava centralizado "nas mãos" de uma elite governamental central ou difundido por uma pluralidade de grupos menores de elite. A fim de realizar essa pesquisa do ponto de vista de um cientista político, ele propôs uma definição de poder que poderia ser "operacionalizada" em pesquisa empírica. Ele a chamou "a ideia intuitiva de poder": "A tem poder sobre B se A consegue fazer com que B faça alguma coisa que B de outra forma não faria", sendo A e B emblemáticos dos atores políticos atuantes nas diversas esferas de governo. Podem eles ser pessoas individuais ou "grupos específicos de pessoas"; hoje, por exemplo, nós poderíamos dizer que o "ministério informal"* de Gordon Brown (o pequeno grupo de conselheiros e ministros em quem ele mais confiava tinha poder sobre todo o ministério oficial. Dahl conclui que o poder não estava concentrado nas mãos de uma única elite, mas

---

* N. de T.: *Kitchen cabinet*, de acordo com *Webster's Ninth Collegiate Dictionary*, designa "um grupo informal de conselheiros a alguém que esteja em posição de poder (como um chefe de governo)".

que estava disperso em uma pluralidade de grupos de elite – daí o epíteto de "pluralista" em contraposição a "elitista," para a sua análise da política americana.

Com toda clareza, a força da definição de Dahl está em ser uma expressão simples da concepção que temos do poder com base no senso comum: uma pessoa ou um grupo o possui e o usa para fazer com que pessoas ou grupos façam coisas que de outra forma não fariam. Essa compreensão parece intuitivamente correta e politicamente relevante, além de possuir a vantagem de proporcionar aos cientistas políticos um quadro de referência para se elaborarem programas de pesquisa que meçam o fluxo do poder nas instituições políticas contemporâneas. Mas não é fácil definir o poder. Mesmo na literatura pluralista/elitista surgiu uma complementação importante da concepção intuitiva de Dahl, a saber, a que defendia uma concepção "neoelitista" da democracia americana. Essa concepção está associada, entre outros, com Bacharach e Baratz (1962), uma dupla de cientistas políticos que sustentavam que a concepção de Dahl do poder, ou de como o poder opera, deixava de considerar processos decisivos mediante os quais as elites conseguem manipular o meio político que os cerca, para obter o que querem. Para esses dois teóricos, a definição de poder de Dahl precisava ser ampliada para levar em conta essa manipulação, e por isso propuseram o que segue: "A tem poder sobre B se A pode fazer com que B faça alguma coisa que de outra forma não faria e *ainda* A tem poder sobre B se A consegue limitar o escopo da decisão manipulando os valores preponderantes da comunidade". Eles se referiam a esse acréscimo como "a segunda face do poder". O exemplo mais evidente dessa dimensão adicional é a "definição de pauta". Imagine uma situação na qual A (o governo) exerce poder sobre B (os sindicatos) mediante "definição de pauta" para as suas reuniões conjuntas. Dessa maneira, o governo garante que certos tópicos e assuntos que os sindicatos desejariam discutir sejam mantidos fora da pauta, de tal forma que o governo possa, por exemplo, facilitar a aprovação de um projeto de lei que os sindicatos desaprovam. É verdade, esse tipo de definição de pauta nem sempre é explícito, visto que geralmente ocorre nos "corredores do poder": as salas e bares enfumaçados da Câmara dos Comuns ou do Congresso americano, por exemplo. Essa segunda face ou dimensão do poder, portanto, joga luz sobre o modo como o poder funciona por meio de alianças políticas informais e acertos "por trás da cena" que determinam as discussões e os debates formais. De fato, a "definição de pauta" também ocorre em sentido mais amplo, no sentido de determinar os assuntos dos quais cuidamos, que julgamos dignos de discussão, que refletem nossos "valores," e assim por diante. Posto nesses termos, percebemos que o poder pode ser exercido pelo "Estado" enquanto hábeis elites manipulam a opinião pública em busca dos seus próprios fins. O fenômeno contemporâneo do "médico de loucos" é a manifestação mais evidente dessa face do poder.

Tanto a primeira como a segunda das dimensões descritas acima pressupõem que o poder é exercido por atores políticos contra outros atores políticos que são tratados como indivíduos – isto é, são tratados como se estivessem agindo como indivíduos. Se, porém, o poder opera mediante a elaboração de pauta, faz sentido suplantar esse pressuposto individualista em nossa reflexão sobre o poder. Por exemplo, se A e B concordam na pauta (em termos bem literais no momento), significa isso que não há poder em ação, que a pauta não foi "proposta"? Poderia ser que a "manipulação" não seja apenas "manipulação da pauta," mas também do "acordo" fundamental no qual toda pauta política precisa estar fundamentada? Pode ser, por exemplo, que os "valores preponderantes da comunidade" da definição de Bacharach e Baratz *desde logo* sejam expressão do poder de A sobre B de modo que os valores preponderantes efetivamente "dominem".

Essa argumentação foi desenvolvida por Steven Lukes na obra, *Poder: Uma Visão Radical* (1974). Embora suponha que o poder opera como o sugerem Dahl, Bacharach e Baratz, ainda assim Lukes sustenta que a manifestação do poder na sociedade supera o que a primeira e segunda dimensões, distinta ou conjuntamente, conseguem captar. De maneira especial, recorre às ideias do marxista italiano Antonio Gramsci para argumentar que o poder é muitas vezes exercido mediante "estratégias hegemônicas". São elas estratégias político-econômicas que "manufaturam consenso" em meio à população. Se supomos, com Gramsci, que o consenso do povo possa ser manipulado pelo Estado, é possível que o povo venha a concordar com uma linha de ação (B pode concordar "voluntariamente" com o que A quer) e o povo e o Estado poderão concordar quanto à pertinente execução da pauta (porque A e B reconhecem os valores comunitários comuns), mas ainda assim pode estar sendo aplicado o poder de forma tal que esses acordos sejam "manufaturados" ou construídos por meio de organismos de poder dominantes na sociedade, tais como a educação, as igrejas e a mídia – a que Louis Althusser, um marxista francês posterior, se referia como parte do "aparato ideológico de Estado."

Procurando clarificar essas ideias marxistas, mas também manter--lhes a intenção normativa crítica, Lukes define poder nestes termos: "A tem poder sobre B quando A consegue fazer com que B aja de maneira contrária aos seus interesses reais, objetivos". Seu objetivo é evidenciar que as preferências dos atores políticos desde sempre estão determinadas por sua interação na esfera pública de modo nem sempre consciente. Sustenta ele que precisamos ampliar o paradigma individualista de poder mediante uma compreensão mais ampla de que o poder também opera em nível mais profundo, estrutural, no seio da sociedade. Para Lukes, está claro que as nossas preferências como indivíduos, e também as preferências dos atores políticos em geral, são muitas vezes determinadas por essas estruturas fundamentais. Essas estruturas, de modo importante, servem aos interesses de alguns e não de outros: servem, tipicamente, aos que delas se beneficiam em termos de ganho financeiro e incremento de poder no sentido de conseguirem o que querem. Se essas estruturas não servem aos interesses reais, objetivos do povo, podemos dizer, com Lukes, que o poder está operando em nível estrutural.

Há, obviamente, uma diferença importante que Lukes mantém entre o que o povo/atores políticos acreditam, até com fervor, ser do seu maior interesse e o que de fato é do seu "interesse real, objetivo." Um estudante pode pensar que seja do seu interesse trabalhar duro na universidade para obter um bom emprego, para continuar trabalhando duro, para um dia finalmente poder descansar no jardim, depois de alcançar a segurança financeira de uma aposentadoria decente. Pode de fato ser do seu real e objetivo interesse ter uma vida de trabalho plena e significativa, na qual não seja obrigado a vender seu labor a outros, mas possa de alguma outra maneira colher as recompensas reais de expressão criadora de sua natureza produtiva. O caráter polêmico desse exemplo, porém, deixa claro que a terceira dimensão ou face do poder de Lukes nos deixou num terreno difícil; é, na verdade, o mesmo terreno onde começamos com Marx. A confiança de Lukes em "interesses reais, objetivos" pressupõe uma versão normativa da natureza humana, que se abasteceu pesadamente na tradição marxista, que prioriza a análise de classes; serão A e B realmente classes econômicas para Lukes? Em caso afirmativo, temos o grande problema de entender o que significa "interesses reais, objetivos." Talvez A e B possam ser entendidos como gêneros, e nós possamos retornar à análise de MacKinnon? Na verdade, essa tentativa científica política de estabelecer a discussão do poder do Estado em terreno firme com simples definições de poder nos fez retroceder às teorias marxistas e feministas com que começamos. Será que existe um jeito alternativo de conceituar o poder, alguma maneira que possa ajudar-nos a ver sob luz diferente a sua relação com o Estado?

O PODER E A NORMALIZAÇÃO

Um acesso a essa concepção alternativa começa com o pressuposto de que o poder não é simplesmente usado por A contra B, nem é apenas a base de um acordo artificial entre A e B (no interesse de A). Ao contrário, pode ser que A e B (nossos diversos atores políticos, classes e assim por diante) só existam como atores políticos por serem o produto de redes de poder que lhes constituem a identidade no âmbito do mundo político. É a obra de Foucault que vem à mente ao seguirmos essa linha de pensamento. Sua concepção do poder nos afasta dos modelos tradicionais em vários sentidos e nos foca a atenção nas maneiras, muitas vezes sutis e minuciosas, como o poder "normaliza" a nossa conduta. É importante observar, porém, que Foucault não estava respondendo ao debate acerca das dimensões do poder. Sua análise do poder resultou do meio peculiar da primeira metade da década de 1970 na França. Esse era, por um lado, um lugar onde ainda repercutiam os poderosos levantes sociais de "Maio de 1968" (os levantes de trabalhadores e estudantes que sacudiram especialmente Paris. Em termos mais fundamentais, o fracasso desses levantes levou muitos integrantes da esquerda política francesa a reavaliar seu arsenal crítico e intelectual. Será que uma política revolucionária de oposição já não era sustentável? Será que os críticos sociais haviam entendido mal a natureza do poder do Estado? Por outro lado, no âmbito acadêmico, o dogma estruturalista dominante (ver Capítulo 7) se mostrava insatisfatório, e novos enfoques estavam começando a aparecer. A principal contribuição de Foucault, a esse respeito, consistia em analisar as maneiras como o poder opera em todas as relações sociais para plasmar e condicionar as estruturas que nos proporcionam o senso de identidade. Tão logo esse mundo subterrâneo de relações de poder fosse revelado, argumentava Foucault, estaríamos em condições de apreciar não só como as estruturas nos condicionam a identidade (como os estruturalistas haviam sugerido), mas também como essas estruturas mudam com o passar do tempo (coisa que os estruturalistas tendiam a negar). Foucault é assim um pensador paradigmático, pós-estruturalista.

Face ao exposto, o desafio que as ideias de Foucault apresentavam aos modelos tradicionais de poder pode ser entendido mais diretamente se considerarmos sua insatisfação com os enfoques, tanto legais como econômicos, do poder. Sustentava ele que tanto as definições, quer marxistas, quer liberais do poder tendiam a subestimar a operação do poder na sociedade, deixando de reconhecer as sutilezas envolvidas na operação. Dos enfoques marxistas, diz ele: "Eu acredito que qualquer coisa possa ser deduzida do fenômeno geral da dominação da classe burguesa. O que precisa ser feito é algo bem diferente. É preciso investigar historicamente, a começar pelo nível inferior, como os mecanismos do poder têm conseguido funcionar" (1980: 100). Em contraposição aos modelos liberais, individualistas, argumenta: "Na verdade, já é um dos efeitos básicos do poder que certos corpos, certos gestos, certos discursos, certos desejos são identificados e constituídos como individuais. Ou seja, o indivíduo não é algo que está diante do poder: é antes, creio eu, um dos seus efeitos fundamentais" (1980: 98). Em vez de conceber o poder como localizado numa classe ou indivíduo, ou num Estado que estivesse agindo como se fosse um indivíduo, Foucault sustenta que o poder "nunca está localizado aqui ou ali", é antes "utilizado e exercido por meio de uma organização semelhante a uma rede" (1980: 98).

Podemos usar cinco ideias fundamentais para resumir sua crítica dos enfoques tradicionais e sua teorização alternativa do poder. Em primeiro lugar, Foucault argumenta que o poder não é uma substância que possa ser mantida por qualquer pessoa ou grupo. Em vez disso, o poder só é exercido por meio de relacionamentos. Em segundo lugar, as relações de poder não são extrínsecas a outras relações, de forma que se possa lidar com certas relações econômicas como despidas de poder. Em vez disso, o poder é parte integrante de todas as relações. Nesse sentido, e em terceiro lugar, de acordo com Foucault, o poder não opera de cima para baixo; é antes um dispositivo da interação social que opera de baixo para cima. Isso tem sido entendido de forma a significar que Foucault não teria lugar para abrigar o poder enquanto dominação, mas, na verdade, o argumento que ele está promovendo é que o poder não constitui, fundamentalmente, uma forma de dominação. À luz dessas descrições do poder, não surpreende que Foucault, em quarto lugar, não comungue com a ideia de que o poder possa ser usado cinicamente – pelas elites, por exemplo. Embora aceite que as relações de poder tenham uma dimensão estratégica por estarem sempre servindo a algum propósito, esses propósitos estratégicos não podem ser manipulados intencionalmente, porque o poder não é uma substância que possa ser disposta estrategicamente. Sendo assim, argumentava Foucault, acirrando a controvérsia, não há lugar fora do poder a partir do qual se possa resistir ao mesmo. Ao contrário, o poder e a resistência sempre são desde logo constitutivos um do outro; não haveria meio de resistir, se já não estivéssemos numa relação de poder, mas, visto que resistência sempre significa revestir-se de poder, estamos simplesmente reconstituindo uma relação de poder. Nos termos de Foucault, porém, o poder não deve ser visto simplesmente como fenômeno negativo: o poder tanto "incita" como "reprime" a ação. Podemos estabelecer uma conexão entre essas dimensões do poder se considerarmos as maneiras como, de acordo com Foucault, o poder desenvolve o nosso senso do que conta como normal e como o Estado liberal democrático está implícito nesse processo. Na obra *Disciplinar e Punir* Foucault assevera:

> Historicamente o processo mediante o qual a burguesia tornou-se a classe política dominante no curso do século XVIII estava mascarada pelo estabelecimento de uma estrutura jurídica formalmente igualitária, explícita, codificada, viabilizada pela organização de um regime representativo parlamentar. Mas o desenvolvimento e a generalização de mecanismos disciplinares constituía o outro lado, obscuro, do processo. A forma jurídica geral que assegurava um sistema de direitos em princípio igualitários era sustentada por esses minúsculos mecanismos físicos do dia a dia, por todos os sistemas de micropoder que são essencialmente não igualitários e assimétricos, a que chamamos disciplinas (1977: 222).

O propósito dessas disciplinas é o controle da população, o que Foucault chama biopolítica. A governamentalidade (ver Capítulo 1) estava e continua baseada tanto nas nuances do poder disciplinar como na autoridade legítima do Estado. Esse aspecto dual é abarcado pela ideia de norma: ela é tanto o que justifica a conduta como o que as pessoas internalizam como conduta apropriada. É, como diz Foucault, "uma mistura de legalidade e natureza, prescrição e constituição, a norma" (1977: 304). Importante, normas de ambos os tipos demandam pessoas que as possam julgar, em termos tanto de sua legitimidade como de sua eficácia. Foucault, portanto, apresenta uma imagem do Estado liberal como Estado no qual os juízes da normalidade estão em toda parte: "Nós estamos numa sociedade do professor-juiz, do médico-juiz, do educador-juiz, do assistente social-juiz; é neles que se baseia o reino universal do normativo; e cada indivíduo, esteja onde estiver, lhes sujeita o corpo, os gestos, a conduta, as aptidões, as conquistas" (1977: 304). Como o coloca em termos sucintos: "O Iluminismo, que descobriu as liberdades, também inventou as disciplinas" (1977:222).

A microfísica das relações de poder de Foucault vira do avesso muitos dos pressupostos que orientam outras versões da relação entre Estado e poder. O Estado já não é um ator político a exercer poder sobre os que não o têm; o Estado já organiza a opressão de algumas pessoas no interesse de outras; o Estado já não é uma entidade coerente singular que se mantém acima ou à parte do mundo político; já não é o Estado que nos garante as liberdades. Em vez disso, o Estado pode agir como foco de relações de poder, mas só na medida em que funciona no âmbito de uma rede mais ampla de relações de poder; o Estado pode dominar setores da sociedade, mas isso reflete a distribuição de relações de poder, e não é um traço fundamental do próprio Estado; o Estado é um conglomerado complexo, multifacetado de relações entrelaçadas e entretecidas que se estendem dentro de seus limites e além dos limites: o Estado disciplina os indivíduos a se conduzirem normalmente, criando e mantendo formas sutis e nem tão sutis de socialização que regulam como se fosse "de dentro" a vida social e política.

Por mais inventiva que seja a análise de Foucault, ela levanta muitas questões, inclusive se uma tese assim pode ser mantida normativamente. Enquanto a análise de poder de Foucault pretende solapar a legitimidade das normas, ela também parece invocar normas; ao menos Foucault parece estar abraçando uma pauta emancipatória (Taylor, 1985). Se for esse o caso, Foucault estaria sofrendo do que Habermas (1987) chama "criptonormativismo": o emprego sorrateiro de normas subelaboradas e escassamente justificadas. Sendo assim, seria necessário talvez retornar ao território central da teoria normativa para inquirir a respeito do valor que muitos acreditam ser fundamental para a filosofia política: a justiça.

4
Justiça e igualdade social

Até aqui discutimos diferentes maneiras de se poder afirmar que o governo está autorizado a reinar sobre nós a bem de proteger nossas liberdades (Capítulo 2), e como, na verdade, essa autorização se manifesta muitas vezes como um poder do Estado para oprimir ou disciplinar seus cidadãos, ameaçando essas próprias liberdades (Capítulo 3). Pode ser que seja necessário levantar um conjunto de questões ligeiramente diferentes, embora relacionadas, para atingir os problemas fundamentais da filosofia política. Uma das perguntas que tem boas perspectivas de estar no próprio cerne da filosofia política é esta: o que significaria para nós todos sermos tratados com justiça e igualdade? Certamente, hoje em dia, estamos propensos a pressupor que a justiça requer igualdade (em algum sentido), mas essa é uma maneira relativamente moderna de refletir sobre esses conceitos. Nem sempre se presumiu que justiça e igualdade estivessem ligadas. A fim de entender por que, vale a pena retornar aos inícios da filosofia política ocidental: à *República* de Platão.

A VIDA BOA

A *República* foi composta como um diálogo sobre a justiça, tendo Sócrates como ator principal. Desde logo, porém, precisamos ter cuidado com o que Platão chama justiça. O diálogo começa com uma discussão sobre o que significa "fazer o que é certo," e comumente se presume que o termo grego que tendemos a traduzir como "justiça" tinha um sentido muito mais amplo. Isso explica por que os interlocutores de Sócrates apresentam um espectro de versões conflitantes de justiça que, aos ouvidos modernos, parecem desviar-se do ponto: afirmam, por exemplo, que é justiça devolver o que se tomou emprestado, dar a uma pessoa o que lhe é devido ou fazer o que a pessoa mais poderosa deseja. Não obstante, a parte inicial do diálogo consiste em Sócrates expor como mal conceituada, problemática ou autodestrutiva cada uma das respostas ao que seria "fazer o que é certo". A questão importante que emerge dessas páginas iniciais é que a justiça (nesse sentido amplo) não pode ser definida como algo que é bom só em relação a outra coisa, tal como a força ou a personalidade. Precisamos, ao contrário, tentar entender o bem da justiça em si mesmo, sem subordiná-lo a outro bem. Nesse ponto, porém, o diálogo dá uma famosa guinada: Sócrates argumenta que é mais fácil entender as exigências da justiça se tivermos em conta a justiça na *polis* e não no indivíduo, porque é "mais fácil de reconhecer" a justiça na entidade maior da cidade-Estado do que em um indivíduo singular (1974: 117). O resultado é que a obra geralmente considerada o primeiro livro de filosofia política só se aventura no campo da natureza da política justa tão somente para responder à pergunta sobre "qual é a coisa certa a ser feita pelo indivíduo?", uma pergunta que está no cerne da filosofia moral (e não necessariamente da política). Por conseguinte, a milenar relação entre filosofia moral e filosofia política que caracteriza o caudal normativo foi estabelecida inicialmente mediante uma manobra um tanto dúbia, que reputava análogas a vida do indivíduo e a vida do coletivo. Em termos cruciais, essa analogia estabeleceu uma hierarquia explícita: o território moral é mais importante, porque serve de fundamento ao político.

Ainda assim, esses começos intrigantes de forma alguma invalidam a filosofia política normativa, e seja qual for a justificativa de Platão para voltar-se à vida da *polis* (mais sobre isso adiante), ainda assim podemos perguntar: o que, de acordo com Platão, é uma cidade justa? A resposta é, concisamente, que nela cada um encontrou o seu papel correto na sociedade como um todo. Visto que todos nós temos diferentes talentos, atributos e capacidades, precisamos descobrir onde melhor cabem na sociedade os nossos talentos. Platão afirma que há três "classes" principais em que cada um encontrará lugar: a classe dos artesãos (os negociantes, os produtores, a classe comercial e assim por diante), os auxiliares (basicamente os militares) e os guardiões (a classe dos "filósofos governantes" que conduzem a *polis*). Como se poderia esperar de tal divisão de trabalho, a cidade verdadeiramente justa é aquela em que essas classes estão ordenadas hierarquicamente: os guardiões governam, os auxiliares os sustêm no governo, provendo proteção interna e externa, e os artesãos – a grande maioria do povo – são os governados. Se tudo isso estiver arranjado como convém, a cidade funcionará como um organismo vivo: um todo consistente trabalhando em harmonia consigo próprio, contribuindo cada pessoa com seus talentos para a sobrevivência comum e a manutenção da sociedade boa, bem organizada.

Por que deveriam os filósofos governar? Platão apresenta diversas respostas a essa pergunta, porém a mais famosa está contida na analogia da caverna (1974: 316-25). A grande maioria das pessoas, sustenta ele, nunca enxergam a realidade das coisas, é como se as massas estivessem vivendo em caverna, com os olhos postos nas paredes, observando as sombras projetadas por figuras que se movimentam acima delas, sem jamais questionar como essas sombras são produzidas. Em termos da atualidade, é como passarmos a vida toda vendo televisão, supondo, sem questionar, que seja real tudo o que vemos na tela. Os filósofos, no entanto, tentam estabelecer a realidade das coisas. Ao atentar para a realidade das coisas, afirma Platão, eles chegam a conhecer o que as coisas realmente são, por trás das sombras e da tela de televisão. De acordo com Platão, a realidade última de qualquer coisa é a sua *forma*; a forma de algo é sua natureza essencial, acima e além das feições particulares de exemplares da própria coisa. Há, por exemplo, muitos tipos de cadeiras (os filósofos políticos, como todos os demais filósofos, gostam de usar cadeiras como exemplo provavelmente porque passam muito tempo sentados nelas!), mas existe uma coisa que todas elas têm em comum, uma "qualidade de cadeiricidade," que é a forma ideal de todas as cadeiras. Para Platão, essa forma ideal não é apenas uma simples abstração; é, na verdade, a realidade da cadeira. Somente os filósofos que escalam até a boca da caverna – que, mediante a contemplação, chegam a "ver" a natureza do que está realmente projetando as sombras – estão em condições de apreciar a forma da cadeira. Só os filósofos podem afirmar que *conhecem* a natureza de todas as cadeiras. A maioria de nós, ainda aprisionados no mundo sombreado da caverna, estamos sempre emitindo nossa *opinião* acerca da natureza da cadeira (baseada, tipicamente, em qualquer coisa que tenhamos visto diante de nós "nas paredes da caverna"), porque nós não enxergamos a realidade. Importante observar que essas afirmações relativas à aparência e realidade são aplicáveis tanto a conceitos como a coisas: há, assim, uma forma de justiça que precisa ser a mesma tanto para os indivíduos como para as cidades-Estado, assim como há uma forma da cadeira que precisa ser a mesma para cadeiras de dois, três ou quatro pés. Na verdade, ao lermos o diálogo de Platão, entendemos que é essa teoria das formas que, na sua concepção, legitima retrospectivamente a transição da justiça no indivíduo para a justiça na *polis*: aparecerá em ambos a justiça quando cada parte – do indivíduo ou da cidade – cumprir seu papel em estabelecer a vida boa para o todo: a pessoa ou a *polis*.

Qual é a relação entre a forma da cadeira e a forma da justiça? Para Platão, assim como os indivíduos e as cidades estão organizadas hierarquicamente, assim também, as formas: afinal, não faria sentido argumentar que a ideia de uma cadeira é igual à ideia da justiça. Assim sendo, não nos surpreende verificar que há uma forma no topo da hierarquia. Todas as formas, desde as de objetos até as de ideias como a da justiça, são essencialmente expressões da forma suprema "do Bem": "contemplar o Bem" é a missão suprema do filósofo em sua escalada à boca da caverna. Isso é o que chamaremos agora a versão paradigmática do *monismo do valor*: a afirmação de que todos os valores se encaixam harmoniosamente e não conflitam um com o outro. Nesse caso, porque todos encontram seu lugar no âmbito de um ideal abrangente da vida boa. Uma sociedade verdadeiramente justa, portanto, é aquela em que todo mundo consegue realizar seu potencial e desenvolver seus talentos – como artesão, soldado ou governante, dependendo dos talentos de cada um – porque fazer assim vai vincular o indivíduo e a *polis* como uma única expressão harmoniosa da "vida boa."

PLURALISMO DE VALORES

Se a "vida boa" significa viver numa sociedade hierárquica bem ordenada, na qual cada um esteja cumprindo sua pequena parte em concretizar uma visão moral-política de maior envergadura, não nos espanta que a política ideal de Platão não soe tão convidativa aos ouvidos contemporâneos como ao povo da Grécia antiga. Na verdade, tornou-se lugar-comum da filosofia política associar a concepção de Platão com as terríveis ditaduras de começos do século XX; um lugar-comum que tem origem na caricatura das ideias de Platão por parte de Karl Popper (1966) na obra *A Sociedade Aberta e seus Inimigos*. Mesmo que Popper tenha exagerado quanto à semelhança entre a república hierárquica de Platão, a Alemanha nazista e a Rússia estalinista, a concepção de que todos os nossos valores possam enquadrar-se de modo harmônico numa visão abrangente não é algo que hoje muitos filósofos políticos aceitem. Na verdade, uma das feições básicas da filosofia política moderna (em contraposição à clássica) é que ela tende a basear-se na presunção do *pluralismo de valores* (que se contrapõe a monismo de valores). Embora o pluralismo de valores esteja profundamente enraizado nos cânones do pensamento político ocidental, um dos expoentes mais famosos dessa ideia foi (não por coincidência, dadas as vibrações da Guerra Fria) um contemporâneo de Popper, a saber, o ensaísta e historiador de ideias Isaiah Berlin. De acordo com Berlin:

> O mundo com que nos defrontamos na experiência ordinária é um mundo em que estamos confrontados com escolhas entre fins todos igualmente definitivos e exigências todas igualmente absolutas, de forma que a concretização de algumas inevitavelmente representará o sacrifício dos demais. Na verdade, é por causa dessa situação que as pessoas atribuem valor tão imenso à liberdade de escolher: pois se tivessem a certeza de que em algum estado perfeito, que os seres humanos pudessem realizar sobre a terra, não estariam em conflito os fins quaisquer que busquem, a necessidade e agonia da escolha desapareceria e, com ela, a importância fundamental da liberdade de escolher (1969: 168).

O pluralismo de valores significa, para Berlin, que há um número considerável, embora não infinito, de "valores supremos" que estão em *conflito* uns com os outros – incapazes de serem reconciliados – e que são, em princípio, *incomensuráveis*, ou incapazes de serem medidos em relação ao mesmo padrão. Isso significa que qualquer tentativa de harmonizar os "valores supremos", ordenando-os em relação ao "Bem", por exemplo, há de fracassar. John Gray, filósofo político que deu continuidade ao trabalho de Berlin sobre o pluralismo de valores e o liberalismo, assim o expressa: "A vida ética compreende conflitos de valores que não se conseguem decidir racionalmente, e essa é uma verdade que precisamos aceitar – não é algo que devamos aliviar por amor à consistência teórica" (2000:35). De fato, a luta por consistência na vida ética – a ideia de que uma perspectiva ética consistente é melhor do que uma inconsistente – é negada por Gray: a inconsistência pode ser mais fiel às exigências da vida ética, visto que a trágica exigência de termos que escolher entre valores incompatíveis em diferentes contextos significa que nós não temos que fazer cada vez a mesma escolha.

Evocando a definição de pluralismo de valores, o item "número não infinito" é importante porque distingue o pluralismo de valores do relativismo de valores e do subjetivismo de valores. Berlin, assim como Gray, ressalta que há valores supremos de natureza tal, que muitos outros valores não supremos precisam subordinar-se a eles, e que esses valores supremos são poucos em números: "afirmar que alguns valores são incomensuráveis não significa que todos os valores sejam igualmente válidos"

(Gray, 2000:41). Berlin refere-se a um "horizonte de valores humanos," para expressar a pluralidade que tem em mente. Gray distingue entre formas de relativismo (que supõem uma pluralidade irredutível de "visões de mundo") e de subjetivismo (que encaram nossos valores como expressões de nossas preferências pessoais) de pluralismo de valores com o fundamento de que o pluralismo, à diferença de outras opções, requer que sejam feitos julgamentos e supõe que possamos discernir entre valores supremos, mas também supõe que jamais consigamos resolver *racionalmente* quaisquer desacordos que resultem desses julgamentos.

Essa descrição do universo moral pode nos parecer intuitivamente atraente, mas ela levanta algumas questões potencialmente difíceis, se refletirmos sobre as consequências políticas. Gray (2000) admite, por exemplo, que o pluralismo de valores de Berlin encerra muitas dificuldades, destacando-se a maneira como Berlin extrai as implicações políticas dessa concepção. Berlin tendia a supor que o pluralismo de valores poderia ser protegido tão só mediante apelo à liberdade negativa – liberdade de interferência (ver Capítulo 2) – mas isso, de acordo com Gray, coloca o valor da liberdade, na sua forma negativa ao menos, acima de outros valores, contradizendo assim o pluralismo que deveria defender. Berlin merece aplausos por haver reconhecido que os valores podem ser *internamente* plurais – que possa haver *duas* concepções de liberdade –, mas ele retrocede à pratica de "racionalizar" o liberalismo, ao sustentar que a liberdade negativa precisa ser contemplada com *status* especial para que o pluralismo de valores possa florescer.

Tudo isso resulta em problema para Gray: como consegue ele defender a ideia de liberalismo à base do pluralismo de valores se lhe está vedado priorizar a liberdade negativa? A solução para Gray é o que ele chama visão de tolerância liberal. Para Gray, uma versão autenticamente liberal de tolerância, que reconhece a natureza intrinsecamente plural da esfera moral, visa simplesmente a estabelecer termos de paz; termos que não carecem de justificativa racional e que não supõem um forte sentimento de consenso. "O futuro do liberalismo", declara ele, "está em afastar o olhar do ideal de consenso racional e em vez disso pôr os olhos no *modus vivendi*" (2000:105), sendo que *modus vivendi* precisa ser entendido como um compromisso prático. Para fins de exemplo, afirma ele, pensar em direitos humanos como "verdades imutáveis", ou como "absolutos morais", ou ainda como garantias ou requisitos da forma liberal de governança é não somente um erro, mas um perigo. Os direitos são inteiramente convencionais e, portanto, mutáveis em diferentes contextos históricos e culturais.

Para Gray, é inevitável que entrem em conflito (e ele observa, com alguma razão, que o discurso dos direitos é o "feijão com arroz" na dieta que alimenta os mais renitentes conflitos), mas conceber esse conflito como solucionável mediante discurso racional é simplesmente desconhecer a pluralidade de valores incomensuráveis que a própria ideia de direitos contém em si. Declara ele:

> Não pode haver lista definitiva de direitos humanos. Os direitos não são teoremas que derivam de teorias da lei ou da ética. Eles constituem juízos a respeito de interesses humanos, cujo conteúdo se altera ao longo do tempo à medida que se modificam as ameaças aos interesses humanos. Quando perguntamos que direitos são universais, não estamos perguntando por uma verdade já existente. Estamos levantando uma questão que requer uma decisão prática: que interesses humanos justificam proteção universal? (2000: 113)

Mas tem sustentação a ideia de *modus vivendi*? Gray assevera que o propósito da coexistência pacífica não é um bem em si, não é um bem que se possa evidenciar como anterior ou superior a todos os outros valores; é, ao contrário, um bem contingente que "quase todos" os modos de vida pressupõem (a coexistência pacífica é vista como necessária à realização de quase todo modo de vida). Mas como bem contingente, o que dizer dos modos de vida que não apoiam a coexistência pacífica. Gray declara que são raros, senão inexistentes, considerando que os meios de vida brotam em resposta a interesses humanos, e esses são comuns e suficientemente distintos para dar sustentação à ideia de coexistência pacífica.

Tudo isso, é preciso dizer, parece embrulhar Gray em dificuldades que beiram a confusão. Em primeiro lugar, a ideia de compromisso prático parece estar baseada em racionalização teórica de interesses humanos, da qual se pode afirmar que supõe uma série de pretensões relativas a bens humanos. Em segundo lugar, definir direitos como algo meramente convencional priva-os de qualquer força que possam ter em ajudar os oprimidos de diferentes culturas (mais sobre as complicações disso no Capítulo 6). Em terceiro lugar, parece plausível supor (e podemos procurar evidências pelo mundo afora) que os interesses humanos possam fundir-se em torno de tratamento desigual de alguns membros do grupo – as mulheres, por exemplo. Nesses casos, foram elaborados "termos de paz" convencionais, mas persiste o tratamento injusto e desigual aos indivíduos. Não será tarefa dos filósofos políticos mostrar por que esse tratamento desigual é moralmente condenável, a partir de um ponto de vista racional? Essas questões nos fazem remontar a uma teoria de justiça e igualdade, uma teoria que não suponha que se encontre a justiça na contemplação de uma visão única da "vida boa".

JUSTIÇA COMO EQUIDADE

A publicação, em 1971, (no Reino Unido em 1972) da obra de John Rawls, *Uma Teoria da Justiça*, transformou a filosofia política, restabelecendo a questão da justiça no centro dessa área de saber. Depois de séculos de descaso, em virtude da associação com visões superadas da "vida boa", Rawls desenvolveu uma teoria destinada a demonstrar como uma sociedade justa poderia ser construída, *dado que* há muitas versões, igualmente razoáveis, da "vida boa". O propósito de Rawls era elaborar teoricamente uma solução justa ao problema de como conviver uns com os outros em vista dessa diversidade de concepções da "vida boa" – sem, claro, impor simplesmente uma dessas concepções a expensas das outras. Vamos deixar claro, porém, dados os milênios que os separam, que não foi o monismo de valores de Platão que Rawls estava particularmente interessado em contrariar. A versão mais atual do monismo de valores que havia ocupado uma posição dominante na filosofia moral e política do fim do século XIX e inícios do século XX foi antes o utilitarismo, particularmente a tradição utilitarista inglesa de Jeremy Bentham, John Stuart Mill e Henry Sidgwick. Assim o caracteriza o próprio Rawls: a ideia fundamental do utilitarismo é que "a sociedade está ordenada de forma correta e, portanto, justa quando as suas instituições principais estão dispostas de forma a alcançar o maior saldo líquido de satisfação resultante de todos os indivíduos que a ela pertencem" (1972:22). Essa é uma versão um tanto técnica do princípio que sustenta o utilitarismo, "a maior felicidade para a o maior número [de pessoas]". Como se sabe, porém, o enfoque utilitário de sociedade não garante, por si, as liberdades individuais da sociedade. É possível que, aplicando-se estrita e diretamente o princípio da utilidade, a liberdade de alguns possa ser sacrificada para a felicidade geral da maioria. Por exemplo, se houvesse um aumento geral de felicidade em razão do encarceramento de homossexuais, o princípio da utilidade estaria sugerindo ser essa a linha adequada de ação. Parece, portanto, admitir violação (possivelmente hedionda) das liberdades individuais. Rawls resume assim sua apreciação da matéria: "A justiça nega que a privação de liberdade para alguns seja justificada pelo maior bem compartilhado por outros" (1972: 28). Rawls, em suma, trata do problema da liberdade como insuperável no âmbito do enfoque utilitário: a liberdade para cada um precisa estar acima de tudo, e jamais poder ser sacrificada para a felicidade de si próprio ou de outros indivíduos. No lugar do utilitarismo, Rawls revitaliza a ideia da teoria do contrato social (ver Capítulo 2) para proporcionar fundamentação o mais forte possível para a defesa dos direitos inalienáveis do indivíduo. Em contraste com pensadores anteriores do contrato, Rawls, contudo, argumenta que a função básica do contrato social não é simplesmente estabelecer a natureza e limites da autoridade política, mas criar princípios de justiça que vão exigir da autoridade política que *jogue limpo* com todos. Ainda assim, Rawls, como outros pensadores do contrato social, concebe a sociedade como:

> uma associação mais ou menos autossuficiente de pessoas que, em suas relações umas com as outras, reconhecem certas normas de conduta como impositivas e que, na maior parte dos casos, agem de acordo com as mesmas... essas normas estabelecem um sistema de cooperação projetado para promover o bem dos que dele participam. (1972:4)

Essa é uma visão tipicamente liberal da sociedade como vínculo entre indivíduos estabelecido para servir os interesses dos próprios indivíduos. Só para reiterar, portanto, isso significa que o retorno de Rawls à ideia de justiça não deve ser entendido como um retorno à preocupação platônica acerca da justiça, na qual a justiça requer a efetivação de uma visão única da "vida boa". Ao contrário, de acordo com Rawls, "na visão de contrato, as razões de liberdade estão completamente alheias a preferências existentes... a indeterminação na teoria plena do bem não é motivo de objeção" (1972: 450). Em outras palavras, o fato de não compartilharmos um sentimento único do que constituiria "a vida boa" não invalida a busca da justiça; apenas altera a natureza da justiça que buscamos. Rawls, na verdade, denomina sua concepção liberal moderna de "justiça como equidade." A justiça, portanto, tem um sentido específico e *não* é coextensiva à moralidade. É com a "justiça social" que Rawls está preocupado:

> Para nós, o assunto básico da justiça é a estrutura da sociedade, ou, mais exatamente, a maneira como as principais instituições sociais distribuem direitos e deveres fundamentais e determinam a divisão dos benefícios decorrentes da cooperação social. Entendo por instituições principais a constituição política e as principais disposições econômicas e políticas. (1972: 7)

O objetivo consiste em descobrir uma série de princípios fundamentais que provocarão a distribuição equitativa desses direitos, deveres e benefícios. É essa intuição norteadora que leva Rawls a declarar que "justiça é a virtude primordial das instituições sociais, assim como a verdade o é dos sistemas de pensamento" (1972: 3). De fato, mesmo que as pessoas "tenham diferentes concepções de justiça", argumenta Rawls, ainda assim podem elas "concordar em que as instituições são justas quando não se fazem distinções arbitrárias entre as pessoas, ao atribuir direitos e deveres fundamentais, e quando as normas determinam um equilíbrio adequado entre pretensões conflitantes aos benefícios da vida social" (1972: 5).

Mas como se há de encontrar uma distribuição equitativa? Em resumo, Rawls argumenta que um processo equitativo para encontrar os princípios resultará em princípios equitativos: um ponto de partida equitativo mais um processo equitativo será igual a um resultado equitativo:

> A ideia condutora é que os princípios de justiça para a estrutura básica da sociedade são o objeto do acordo original. São princípios que pessoas livres e racionais, dispostas a procurar seus próprios interesses, aceitariam como posição inicial de igualdade a definir os termos fundamentais de sua associação. (1972: 11)

Assim, se estivermos de acordo quanto à estrutura básica equitativa como parte de um contrato original, todas as demais decisões constitucionais, legislativas e jurídicas seriam reguladas pelos termos do acordo original, e nós teríamos uma ordem social justa. Isso, porém, levanta muitas questões: Como haveremos de produzir um acordo original equitativo? O que é uma posição inicial de igualdade? Quais são os princípios que resultariam?

A teoria do contrato social caiu em descrédito no pensamento político, graças, em grande parte, à poderosa retórica de Bentham (1988) acerca da falácia de basear-se a autoridade política na "ficção" de um acordo que na verdade nunca ocorreu. Ainda que o fato histórico real de um contrato social fundamental seja desnecessário à teoria do contrato (ver Capítulo 2), Rawls presume como explícita e inequivocamente *hipotético* o "acordo original" a que se refere. Trata-se de um exercício intelectual que visa a clarificar nossas intuições morais e que se utiliza da teoria do contrato como método ou procedimento para derivar princípios de justiça, um procedimento que, julga ele, não define materialmente nenhum dos princípios que possam surgir.

Sobre que fundamento precisaria repousar qualquer acordo sobre os princípios de justiça para ser um acordo equitativo? Um dos requisitos é que tenha uma situação de equidade inicial; Rawls chama isso de "posição original". A posição original, por mais que soe como o primeiro capítulo do *Karma Sutra*, é, na verdade, a caracterização de Rawls de uma situação na qual indivíduos que buscam alcançar um acordo sobre como se dar bem uns com os outros poderiam ser pensados como iguais. Se as pessoas que decidem sobre a justa distribuição dos "direitos, deveres e benefícios da cooperação social" não são iguais, o acordo alcançado dificilmente será equitativo para cada membro da sociedade. Mas não estariam os indivíduos na posição original sujeitos a toda sorte de fatores que pudessem distorcer o processo para se alcançar um acordo? A riqueza, o poder, o carisma, a inteligência, a classe, a raça ou simplesmente a boa fortuna de alguns poderiam ser usados para criar uma ordem social que haveria de favorecê-los. É com essas preocupações em mente que Rawls aprofunda o exercício intelectual imaginando como os indivíduos raciocinariam na posição original se estivessem cobertos por um "véu de ignorância". O "véu de ignorância" é um instrumento teórico para privar os indivíduos de um espectro de conhecimento que poderia comprometer a equidade da posição original. Atrás do "véu de ignorância"

> ninguém conhece o seu lugar na sociedade, sua posição social ou *status* social, tampouco conhece sua fortuna mediante a distribuição de recursos e habilidades naturais, sua inteligência, força e assim por diante... os participantes não conhecem suas concepções do bom... Isso garante que nenhum deles seja beneficiado ou prejudicado pelo resultado do acaso natural ou da contingência das circunstâncias sociais. Visto que todos estão situados igualmente e ninguém está em condições de excogitar princípios para favorecer sua condição particular, os princípios de justiça resultam em acordo equitativo. (1972: 11)

O dispositivo do "véu de ignorância" proporciona uma base moral para a posição original, o ponto de partida do qual se consegue construir um acordo fundante. Porque, hipoteticamente, nós não sabemos qual será nosso "lugar" na nova sociedade – se vamos ou não ser ricos, pobres, da maioria ou de uma das minorias, sãos ou deficientes, bem-falantes ou não, e assim por diante – Rawls argumenta que o acordo que alcançamos na posição original, por trás do véu de ignorância, será necessariamente um acordo que garante justiça a todos na sociedade. Ele assevera que os indivíduos, não conhecendo na posição original o seu lugar na ordem social, raciocinarão como segue: todos os princípios integrantes do acordo precisam ser benéficos aos menos bem situados na sociedade – para o caso de ser eu um deles. Esse é o chamado enfoque *maximin* de raciocínio: todos os integrantes do acordo original vão procurar maximizar os interesses do grupo em pior condição, isto é, *maximizar* o resultado *mínimo*. Em outras palavras, raciocinar desde o interior da posição original, detrás do "véu de ignorância", é um recurso hipotético para promover o que seria uma distribuição equitativa de "direitos, deveres e benefícios" que resultam da nossa cooperação em sociedade.

Antes de apresentar os princípios quanto aos quais, de acordo com Rawls, todos os indivíduos estariam de acordo, é preciso apresentar, a bem da clareza, alguns caracteres distintivos da posição original que (principalmente) servem para explanar as motivações que neles operam. Rawls observa que cada indivíduo imaginário na posição original precisa estar ciente de tratar-se de um "recurso de representação". Cada contratante precisa saber que eles "representam" alguém "no mundo real," por assim dizer, a fim de evitar que os contratantes formulem princípios baseados em concepções fantásticas (por exemplo, "Se eu sou um unicórnio, então os unicórnios precisam ter direitos"). Ademais, decisivamente, cada contratante está impedido de ter acesso à sua concepção particular do bom – não sabem eles se apreciam a vida tranquila, a vida de engajamento social, a vida religiosa, a busca do conhecimento, vínculos familiares, ou o que seja – porque esta é a maneira de garantir que os princípios reflitam a pluralidade de concepções da "vida boa" que caracterizam a modernidade. Dito isso, cada um dos contratantes imaginários de Rawls, assim se presume, valoriza mais em vez de menos "bens primários." São eles os meios para se conquistar uma variedade de fins distintos, que são "direitos e liberdades, poderes e oportunidades, receita e riqueza" (1972: 62) e os fundamentos do respeito de si próprio (1972: 440). Os bens primários são "primários" precisamente porque sem eles não se poderia perseguir o tipo de vida que se quer levar. São esses bens primários o assunto dos princípios que surgem. Afora isso, supõe-se que cada contratante seja motivado racionalmente (desejoso de maximizar a própria posição na sociedade) além de ser razoável (ciente dos interesses de outras pessoas). Isso implica que os contratantes sejam não invejosos, desinteressados e prontos a respeitar os princípios que livremente escolheram. Finalmente, os contratantes também sabem que viverão numa sociedade em que prevalecem as condições da justiça. Rawls as divide em condições objetivas, tais como escassez moderada, e condições subjetivas, tais como concepções conflitantes do bom. Isso assegura que o raciocínio dos indivíduos na posição original não seja distorcido por suposições, tais como a de que seria infinita a provisão de recursos.

Da mesma forma, é importante que os indivíduos na posição original tenham um senso restrito do trabalho que está pela frente. Rawls, portanto, restringe o escopo da justiça ao nível nacional (ou "doméstico", como confusamente refere) da justiça distributiva, excluindo assim o que chama questões de justiça local (por exemplo, na família) ou global (como na relação entre Estados). Com respeito a esse nível doméstico, Rawls insere no pensamento dos seus contratantes o conhecimento de que os princípios da justiça que criam são aplicáveis a uma sociedade "fechada", com o que indica que será ordenada em torno de um Estado coercitivo. A implicação disso é que os contratantes não seriam capazes de simplesmente sair uma vez que se tenha levantado o véu, visto que isso criaria a possibilidade de concordar com princípios injustos – o que não quer dizer que não se pudesse conter a emigração no âmbito dos próprios princípios, uma vez que tenham sido estabelecidos os princípios de uma estrutura básica justa. Ademais, Rawls supõe que a sociedade a que são aplicáveis os princípios será "bem ordenada". Isto é, será uma sociedade desenhada para promover os princípios a que se chegou – mediante coerção, se necessário.

Dadas essas suposições motivacionais e limitações de trabalho, Rawls argumenta que os indivíduos numa posição original equitativa, por trás do "véu de ignorância" para garantir que estejam removidos os preconceitos, raciocinariam a caminho de concordar com o que chama "a concepção geral de justiça": "Todos os valores sociais – liberdade e oportunidade, receita e riqueza e os fundamentos do respeito por si próprio – deverão ser distribuídos equitativamente, a não ser que uma distribuição desigual de qualquer um ou de todos esses valores seja em benefício de alguém" (1972: 62). Isso pode ser visualizado na singular "concepção especial" de justiça mediante dois princípios (essa versão é de obra posterior, *Justiça como Equidade: Uma Reafirmação*, que é mais compreensível que as versões encontradas em *Uma Teoria de Justiça*:

> *Primeiro*: "cada pessoa tem a mesma pretensão irrevogável a um conjunto plenamente adequado de liberdades básicas iguais, conjunto que é compatível com o mesmo conjunto de liberdades para todos".
>
> *Segundo*: "desigualdades sociais e econômicas precisam atender a duas condições: (a) estarem vinculadas a cargos e posições abertos a todos, sob condições de igualdade equitativa de oportunidades; e (b) serem do maior proveito possível aos membros menos afortunados da sociedade (o princípio da diferença)". (2001: 42-3)

O primeiro princípio estabelece *liberdades básicas iguais* para todos, desconsiderando vantagens pessoais tais como riqueza, poder e inteligência. O segundo princípio proporciona duas condições que *legitimam a desigualdade*. Rawls acrescenta que, na posição original, seria irracional supor que se poderia sacrificar liberdades básicas em troca de lucro econômico ou social, caso em que o primeiro princípio tem prioridade sobre o segundo, e de 2(a) sobre 2(b) como o ordenamento léxico dos princípios de justiça.

Por que deveríamos aceitar a narrativa de Rawls da posição original e os princípios que, segundo argumenta, dela derivam? Como saberemos que os princípios são realmente equitativos? Rawls argumenta que a posição original e o véu de ignorância são apenas dispositivos hipotéticos para esclarecer nossos pressupostos sobre o que constitui um ponto de partida, procedimento e resultado equitativos. Podemos verificá-lo tomando pontos de partida, procedimentos e resultados iníquos quando se trata de definir princípios de justiça. O véu de ignorância, em particular, significa que tomaremos decisões moralmente justificáveis excluindo de nossas deliberações os aspectos de *status*, identidade e assim por diante, que são "arbitrários do ponto de vista moral" (1972: 14). Entretanto, refletir sobre distribuição justa de direitos, deveres e benefícios a partir de um ponto de vista explicitamente hipotético poderá dizer-nos pouco das condições reais necessárias para uma sociedade equitativa e justa. Para Rawls, essa crítica acerta no vazio (muito embora vejamos uma versão mais desenvolvida dessa preocupação na última parte deste capítulo), porque o objetivo do exercício intelectual é habilitar-nos a refletir mais profundamente sobre as nossas intuições e estimular-nos a pensar a respeito de como os princípios acordados sob tais condições ideais podem ser inseridos num "equilíbrio reflexivo" com as intuições morais que orientam nossas vidas diárias.

Juntando essas tramas, podemos afirmar que, para Rawls, é sociedade liberal aquela em que todos os indivíduos são tratados como fins em si mesmos (não como elementos de um cálculo utilitário), e que é ordem social justa aquela em que está incorporado na estrutura básica dessa sociedade o equilíbrio correto entre liberdade e igualdade. Garantir esse equilíbrio significa que as liberdades básicas precisam ser igualmente protegidas e que a desigualdade social e econômica só é legítima quando beneficia os mais desafortunados da sociedade. Mas terá Rawls inclinado por demais os pratos da justiça para o lado da igualdade, pondo em perigo a liberdade? Foi essa a apreciação de Robert Nozik, cuja obra *Estado* e *Utopia da Anarquia* foi a primeira da série de respostas famosas e influentes do espectro filosófico-político ao enfoque igualitário de Rawls da justiça social.

JUSTIÇA COMO POSSE DE UM DIREITO

O princípio redistributivo de Rawls – *o princípio da diferença* – pressupõe que não seja culpa nossa a posição que ocupamos na sociedade, e que um indivíduo não deveria ser arbitrariamente prejudicado por algo que não é falta sua (daí a ideia de que todas as decisões sobre como repartir as vantagens da sociedade deveria beneficiar os desprivilegiados). A teoria não menciona a necessidade de redistribuição, primordialmente a redistribuição de riqueza que as pessoas já possuem. Essa redistribuição envolveria tomar alguma coisa que pertence a alguém e dar isso a outrem. Parece haver razão em afirmar, com Nozik, que isso viola a liberdade dos indivíduos de dispor de sua riqueza por razões quaisquer que queiram, e não com base em alguma concepção impulsionada pela meta espúria de "uma sociedade melhor, mais igual".

Nozik opera com um exemplo imaginário que, pensa ele, reproduz fielmente essa intuição. Imaginemos uma sociedade com distribuição igual de riqueza (distribuição 1). Inserimos nessa sociedade um famoso jogador de basquete – Wilt Chamberlain – o qual, em virtude da sua grande habilidade nas quadras, é muito requisitado. Conhecedor da procura que vem tendo, Wilt assina um contrato com um time de basquete que eleva em 25 centavos o preço de cada ingresso e estabelece a condição de que esse dinheiro lhe seja pago diretamente. Ao longo do campeonato, Wilt recebe uma soma fantástica de dinheiro, digamos 250.000 dólares, fora e acima do salário normal. Temos agora uma segunda distribuição de riqueza (distribuição 2), que está longe de ser equitativa. Como, pergunta Nozick, "poderia qualquer outra pessoa queixar-se com base na justiça?... Nada existe que qualquer um detenha contra o que qualquer outro tenha uma pretensão de justiça" (1974: 161). A fim de manter a distribuição equitativa original, as pessoas precisariam estar proibidas de gastar os seus 25 centavos. Ou então, para minimizar a diferença entre Wilt e todos os demais, precisaria ocorrer uma redistribuição em massa do dinheiro que as pessoas deram livremente a Wilt. Tal redistribuição exigiria que se violasse a liberdade individual, argumenta Nozick. O método distributivo típico seria a tributação, mas isso significa que parte do nosso dinheiro ganho com tanto suor seria tomado pelo Estado para ser redistribuído por amor a um "bem social", tal como em uma sociedade mais igualitária. Importante ressaltar que, para Nozick, isso não é necessariamente o que qualquer indivíduo consideraria "um bem". Na verdade, a tributação como meio de redistribuição significa que uma parte do dia de trabalho do indivíduo é despendido não em favor dele ou dela, mas para o "bem social", conforme definido pelo Estado. Nozick conclui que "tributação de rendimentos do trabalho está no mesmo nível de trabalho forçado" (1974: 169).

Em termos gerais, argumenta Nozick, "princípios de justiça atinentes aos resultados" (aqueles que justificam como justa uma distribuição particular de recursos, tal como a distribuição equitativa) e "princípios de justiça históricos, porém padronizados" (aqueles que tomam a forma, "de cada um de acordo com X, a cada um de acordo com Y") resultarão em "interferência contínua na vida das pessoas" (1974: 163). Resultarão, portanto, em violação do direito do indivíduo de dispor de sua própria riqueza para buscar quaisquer objetivos que valorizem na vida – tais como assistir a um jogador de basquete habilidoso. Nozick conclui que "a liberdade confunde os padrões" e que "qualquer padrão distributivo com um componente igualitário é anulável pelas ações voluntárias de pessoas individuais ao longo do tempo" (1974: 164).

No lugar do enfoque distributivo de Rawls do que torna justa uma sociedade, Nozick apresenta uma teoria lockeana de direitos que, argumenta ele, é uma teoria histórica, porém *não padronizada* de justiça. Sucintamente, enquanto os enfoques distributivos da justiça se concentram em "Quem recebe o quê?", o enfoque de direitos se concentra na pergunta: "Tens direito ao que tens?" Para Nozick, uma "distribuição é justa quando cada um *tem direito* aos bens que detém sob distribuição" (1974:151). Isso levanta duas questões:

a) O que constitui *transferência* justa de bens e riqueza?;
b) O que legitima a *aquisição* justa de bens e riqueza?

Uma transferência justa de riqueza é aquela que foi efetivada e recebida livremente: mediante doação, herança ou caridade; ou ainda, claro, mediante transação no mercado livre. No que concerne à aquisição de propriedade, Nozick é lockeano por dentro e por fora (ver Capítulo 2) a propriedade ou riqueza pode ser adquirida do estoque comum conquanto seja deixado aos outros "o suficiente e da mesma qualidade". É interessante que Nozick interpreta isso no sentido de que a aquisição de propriedade não deve piorar a situação dos outros (uma intuição que não está longe da de Rawls), mas ele sustenta que a operação do mercado livre capitalista baseada na posse de propriedade privada beneficia a todos, visto que cada um estaria em condição pior se os direitos de propriedade não fossem reconhecidos. Nozick sustenta, portanto, que o mercado livre não deixa ninguém em pior condição. É claro que algumas vezes a riqueza é distribuída injustamente (por fraude e furto, por exemplo), e Nozick reconhece que precisa haver um princípio de *retificação* a acompanhar os princípios de transferência e aquisição justas. Retificação significa simplesmente retificar uma transferência ou aquisição injusta, e nós saberemos o que e como retificar, simplesmente perguntando: Qual seria a distribuição da riqueza se a transferência ou aquisição injusta não tivesse ocorrido?

Isso, porém, nos alerta para alguns problemas da teoria de direitos de Nozick. A começar pelo princípio da retificação, torna-se difícil conceber como haveria de funcionar tão logo se tenta aplicá-lo. Como, por exemplo, haveremos de solucionar casos difíceis, como se foi adquirida ou transferida injustamente dos povos nativos a imensa maioria das propriedades que se possuem nos Estados Unidos? Conseguimos nós estabelecer como seria a distribuição se não tivesse havido transferências ou aquisições injustas? Nozick mostra-se avesso à questão, sugerindo, na verdade, que tais assuntos sejam resolvidos mediante decisões casuísticas com as quais todos concordariam. A questão fundamental que se esconde por trás dessa questão, porém, é que a natureza da posse de propriedade não está suficientemente desenvolvida no enfoque dos direitos de Nozick. Ele pressupõe que um indivíduo já formado e racional detenha domínio completo de sua propriedade. Essa versão, porém, deixa de mencionar que todo indivíduo precisa dispor de um aparato social de família, educação, serviços de saúde e outras coisas do gênero para chegar ao estágio de possuir propriedade. Assim sendo, parece extremamente simplório afirmar que qualquer indivíduo simplesmente possui tudo o que tem: Não deveria a propriedade ser possuída, ao menos em parte, por todos aqueles que contribuíram para a capacidade de domínio do indivíduo? Essa questão retórica aponta para a questão ainda mais profunda que o rígido individualismo de Nozick suscita: É realmente correto conceber-nos como donos de nós mesmos, como indivíduos que possuam a si próprios? A rigorosa separação de pessoas que isso implica é contrária à intuição se tivermos em conta as vidas reduplicativas e entrelaçadas que vivemos como pessoas reais enfronhadas em relacionamentos reais que nos afetam mais profundamente que contratos legais e transações do mercado livre. Talvez tenhamos que tornar a inclinar a balança da justiça para o lado da igualdade. Mas o que é isso exigiria se pensarmos em justiça para as mulheres?

CUIDADO E JUSTIÇA

> As diferenças entre homens e mulheres que descrevo convergem para uma tendência das mulheres e dos homens a cometer diversos erros relacionais – os homens, de pensar que, se conhecem a si mesmos, segundo o dito de Sócrates, também conhecerão as mulheres, e as mulheres, de pensar que, se conhecerem outros, chegarão a conhecer-se a si próprias. Dessa forma, homens e mulheres entram tacitamente em conluio para não expressar as experiências das mulheres e estabelecer relacionamentos em torno de um silêncio que é mantido pelos homens por não conhecerem sua desconexão das mulheres e pelas mulheres, por não conhecerem a dissociação de si próprias. Muita conversa sobre relacionamentos e sobre o amor oculta cuidadosamente essas verdades. (Gilligan, 1993: xx)

A obra de Carol Gilligan tem exercido grande influência por balizar os debates que se tornaram conhecidos no feminismo como debates igualdade/diferença bem como os debates de cuidado *versus* justiça na teoria política. Qual é a ideia central de Gilligan? Ela afirma haver diferenças empiricamente verificáveis entre a maneira como mulheres e homens pensam a respeito das relações recíprocas, em especial no que se refere a como mulheres e homens avaliam esses relacionamentos. Concisamente, Gilligan sustenta que os homens acentuam o individualismo, os direitos e a justiça (os homens enfatizam sistemas *morais*, que são tidos como neutros e universais), enquanto as mulheres tendem a acentuar a racionalidade, o dever e o cuidado (as mulheres, portanto, enfatizam sistemas *éticos*, que estão carregados de valores e são contextuais). A implicação que muitos derivam daí consiste em que as mulheres teriam um modo diferente dos homens de avaliar relacionamentos, e que isso precisaria ser reconhecido e respeitado na construção dos nossos acordos sociais e políticos. Antes, porém, de entrar em detalhes sobre o debate cuidado *versus* justiça, convém dar uma olhada no *background* da obra de Gilligan. O que segue é uma versão muito resumida de uma das teorias mais famosas e contestadas do pensamento moderno. Para aqueles que queiram aprofundar-se na teoria, os ensaios de Freud, "O Ego e o Id" e "A Dissolução do Complexo de Édipo", são expressões clássicas; ambos estão disponíveis em Gay (1995).

O coração da psicanálise freudiana clássica é o complexo de Édipo, uma narrativa de relações na família que supostamente esclarece a maneira como as crianças desenvolvem uma sensação do próprio ego ou *self*. De acordo com Freud, os meninos inicialmente amam a mãe, mas, ao fazê-lo, enfrentam (ou imaginam enfrentar) a fúria ciumenta do pai, que procura privar o menino do acesso à mãe. Esses movimentos iniciais permanecem sepultados durante um período de latência, mas tornam a emergir quando o menino começa a perceber a própria sexualidade na puberdade. Quando acontece essa maturação, o pai ameaça (ou o menino adolescente imagina que o pai esteja ameaçando) "castrá-lo" (não literalmente!), a menos que deixe de amar a mãe. Nessa etapa, se apresentam ao jovem menino várias opções, mas tipicamente ele percebe o poder do pai e se alinha com ele, apartando-se da mãe e identificando-se com "a lei do pai". E o que se passa com as meninas? Para Freud, a menina, durante um período similar ao do menino, também é forçada (ou imagina ser forçada) pelo pai a apartar-se da mãe, mas visto que não há pênis ameaçado de castração, a menina imagina já estar castrada (a guerra psicológica já está perdida) e volta essa percepção contra a mãe, pois evidentemente foi a mãe que a trouxe ao mundo sem o poder fálico necessário para nele sobreviver. De acordo com Freud, ela agora ama o pai e odeia a mãe, mas sabendo que jamais poderá identificar-se completamente com o pai (por não ter pênis/falo), ela nunca resolve completamente a crise de identidade provocada pela (incompleta) separação da mãe.

Ao extrapolar essas ideias para além da vida familiar (sua obra posterior ataca, em particular, as bases psicológicas da sociedade e civilização), Freud chegou a tomar a castração incompleta da menina jovem por origem das diferenças de gênero no que diz respeito à maneira como homens e mulheres se relacionam com a moralidade. Freud concluiu que as mulheres "evidenciam menos senso de justiça que os homens, estão menos prontas a submeter-se às grandes exigências da vida, muitas vezes se deixam influenciar nos seus julgamentos por sentimentos de afeição ou hostilidade" (Freud, citado em Gilligan, 1993:7). Freud, é claro, via essas características femininas como deficiências; em sua concepção, as mulheres simplesmente não atingiam a identidade plena que os homens adquirem como resultado de sua identificação primordial com a lei do pai. As mulheres, como diria de Beauvoir, são indubitavelmente tratadas como "segundo sexo," do ponto de vista psicanalítico.

Para Gilligan, porém, o divisor de águas em seu entendimento da teoria freudiana foi a leitura da obra da feminista psicanalítica Nancy

Chodorow. Para Gilligan, a obra de Chodorow tomou como base a distinção freudiana entre os sexos, evidenciou que a mesma está centrada no masculino e, por outro lado, afastou a hierarquia baseada na maneira diferente de as mulheres construírem relacionamentos. Em seu próprio sumário da análise de Chodorow, ela afirma:

> Consequentemente os relacionamentos e, em particular, questões de dependência são experienciadas de maneira diferente por mulheres e homens. Para meninos e homens, a separação e a individuação estão criticamente amarradas à identidade de gênero, visto ser a separação da mãe essencial ao desenvolvimento da masculinidade. Para as meninas e mulheres, as questões de feminilidade ou identidade feminina não dependem de alcançar a separação da mãe ou do progredir da individuação... os homens tendem a ter dificuldades com os relacionamentos, enquanto as mulheres tendem a ter problemas com a individuação. (1993: 8)

Esse pano de fundo psicanalítico proporciona o quadro metateórico para a própria obra de Gilligan em psicologia do desenvolvimento de orientação empírica. Entretanto, para perceber a importância de sua contribuição à área, precisamos mencionar brevemente o enfoque de seu mentor, Lawrence Kohlberg. Kohlberg procurava entender as origens e o desenvolvimento do pensamento moral nos indivíduos. Ele desenvolveu, mediante a filosofia moral de Kant e a obra de Piaget relativa ao desenvolvimento da criança, um programa de pesquisa que investigava os princípios subjacentes ao engajamento moral. Ele concluiu que é possível afirmar-se que o desenvolvimento moral está correlacionado com três amplas etapas do pensamento moral (cada qual com duas partes, mas não precisamos segui-las aqui): pré-convencional, convencional e pós-convencional. A última foi estimada a mais alta, de forma tal que o pensador moral pós-convencional é quem inicialmente trata com imparcialidade e objetividade perspectivas que estejam em conflito e que, em última análise, reconhece que os princípios morais universais são princípios de justiça – "internalizando" assim a imparcialidade legal e a universalidade moral.

Como Gilligan aponta: "Nessa versão de desenvolvimento moral, porém, a concepção de maturidade deriva do estudo da vida de homens e reflete a importância da individuação no seu desenvolvimento" (1993: 18). Não surpreende que as mulheres sintam-se muito mal com essa medida de desenvolvimento moral, porque (como muitas vezes acontece) as mulheres são julgadas por padrões masculinos que deixam de expressar a perspectiva das mulheres. É possível, questiona Gilligan, que as mulheres falem "numa voz diferente" quando falam moralmente? Para responder a essa pergunta, ela realizou seus próprios estudos sobre o desenvolvimento moral de homens e mulheres, cujos resultados constituem o corpo de seu livro.

> Quando as mulheres são estudadas e de suas vidas derivam construtos acerca do desenvolvimento, começa a surgir o delineamento de uma concepção moral diferente da que é descrita por Freud, Piaget ou Kohlberg, o que passa a configurar uma descrição diferente de desenvolvimento. Nessa concepção, o problema moral resulta de responsabilidades conflitantes, e não de direitos que estejam competindo entre si e requeiram, para sua solução, uma maneira de pensar que seja conceitual e narrativa, em vez de formal e abstrata. Essa concepção de moralidade preocupada com a atividade de cuidado situa o desenvolvimento moral em torno da compreensão de responsabilidades e relacionamentos, assim como as concepções de moralidade como equidade vinculam o desenvolvimento moral a direitos e normas. (1993: 19)

Quais são as implicações disso para a filosofia política? Como vimos, o pensamento político começa, em tese, com a interrogação platônica: "O que é justiça?" Muito embora a teoria política tenha se afastado dessa pergunta norteadora em momentos decisivos de sua história, a publicação de *Uma Teoria de Justiça* de Rawls reposicionou a justiça no centro do cenário; afinal, para Rawls, "a justiça é a virtude primordial das instituições sociais". Interessante que Rawls se confronta brevemente com o trabalho de Kohlberg na parte final de *Uma Teoria da Justiça*, adotando e adaptando cuidadosamente alguns dos seus elementos (1972: 461-2). Jurgen Habermas, outra figura central da teoria política contemporânea (ver Capítulos 5 e 6), também aplica as etapas do desenvolvimento moral individual a uma versão reconstruída do materialismo histórico: Habermas fala de "sociedades" que estariam em estágios pré-convencional, convencional e pós-convencional de desenvolvimento moral. Dado esse contexto, as visões de Gilligan parecem ser muito relevantes para a filosofia política.

Presumindo-se, em termos gerais, as conclusões de Gilligan, resultarão três maneiras de "incorporar" seu trabalho à filosofia política. Em primeiro lugar, poderia alegar-se que a ideia de justiça seja inerentemente masculina. Uma teoria política que efetivamente confere voz às mulheres, não terá "O que é a justiça?" como pergunta determinante. A filosofia política, poderia afirmar-se, precisa ser reconceitualizada em sua totalidade, porque a justiça é antitética ao cuidado. A observação de Audre Lorde

(1983) de que "nós nunca vamos derrubar a casa do mestre com as ferramentas do mestre" confere poderosa expressão poética a essa crítica abrangente do cânone político-filosófico. Dito isso, há grande perigo em seguir nessa linha porque a ideia de "justiça para mulheres," conforme observam feministas do quilate de Martha Nussbaum (1999), tem sido a pedra angular da teoria e prática feminista, que, sem dúvida, tem promovido a causa das mulheres. Assim sendo, poderia alegar-se, em segundo lugar, que a ética do cuidado e da moralidade que integram as estruturas da justiça são diferentes formas de avaliar a vida social e política que poderiam coexistir no nosso mundo tão profundamente caracterizado pelo pluralismo de valores. Poderiam talvez as vozes das mulheres ser ouvidas como vozes diferentes, mas iguais no mundo político? Pode-se visualizar nessa perspectiva ampla o enfoque de Seyla Benhabib (1987) da teoria social e política. Permanece, porém, o problema do que fazer quando conflitarem, como inevitavelmente acontecerá. Se cuidado e justiça condicionam reações diferentes a questões complicadas de relacionamento, quem vai "ganhar" em circunstâncias específicas, e por quê? Ou teremos que reconhecer que o mundo dos valores é desordenado, insuscetível de soluções racionais, e que as decisões complexas que precisamos tomar são simplesmente um aspecto inextricável desse mundo? Uma terceira opção, porém, é alegar que a ideia de justiça tem sido construída ao longo de milênios de modo masculino, mas pode ser *reconstruída* para abrigar uma ética do cuidado. Poderia talvez uma compreensão mais plena e rica de justiça incluir uma ética de cuidado? A esse respeito, Susan Moller Okin (1989) se destaca como uma feminista liberal rawlsiana que defende que a teoria da justiça de Rawls prevê cuidado e relações de simpatia no âmbito da posição original. Há, porém, um perigo aqui: não se estará em última análise negando as concepções de Gilligan, tornando a abafar as vozes das mulheres? O que fazer com Gilligan, cuja obra, afinal, precipitou todo esse debate? Na verdade, Gilligan prefere não se envolver nesses debates, ainda que pareça sugerir a possibilidade de uma compreensão mais equilibrada tanto de cuidado como de justiça que ambos os sexos podem alcançar à medida que "amadureçam" (1993: Capítulo 6). Não está claro, porém, por que haveria de ocorrer esse progresso e quais seriam as suas reais implicações.

Está claro, no entanto, que a obra de Gilligan causou grande controvérsia, inclusive em círculos feministas:

> A moralidade das mulheres que Gilligan descobre não pode ser moralidade "em voz diferente". Só pode ser moralidade na voz feminina, em alta tona-

lidade. Das mulheres se diz que valorizam o cuidado. Talvez as mulheres estejam valorizando o cuidado porque os homens tem estimado as mulheres com base no cuidado que proporcionam. Das mulheres se diz que pensam em termos relacionais. Pode ser que as mulheres estejam pensando em termos relacionais, porque a existência social das mulheres é definida em relação aos homens. O idealismo liberal dessas obras se revela na maneira de como não levam a sério o suficiente a determinação social e as realidades do poder. (MacKinnon, 1989: 51-2)

MacKinnon não vê a obra de Gilligan como maneira potencial de compreender ou de sequer vislumbrar como seria uma sociedade não patriarcal. Antes pelo contrário, percebe a obra de Gilligan como simplesmente ao espelho da construção acentuadamente patriarcal das mulheres que precisa, diz ela, ser superada. MacKinnon, na verdade, sustenta que a obra de Gilligan poderia ser um empecilho ao projeto da emancipação das mulheres por levá-las a confirmar a identidade que lhes foi construída pelos homens. Estamos confrontados com uma pronunciada dicotomia? *Uma das alternativas*: Gilligan, a pesquisadora sensível ao gênero que proporcionou às mulheres o acesso à sua voz ética, que lhes havia sido negada por gerações de pensadores morais e que, por isso mesmo, abriu a possibilidade de pensar "fora da caixa patriarcal" quando se trata da nossa vida e das instituições políticas. *Outra alternativa*: Gilligan, o sósia feminino da estrutura patriarcal que apenas espelha para as mulheres o que os homens delas querem, de tal maneira que as mulheres são silenciadas de novo – porém mais perigosamente ainda, visto que este é um silêncio que traz consigo a expectativa de que o aceitem e festejem.

O RETORNO DO BOM

Tais dicotomias extremas podem ser uma feição permanente da filosofia política, ou podem ser sintomas de um mal mais profundo, o mal fundamental das democracias liberais resultante da perda dos laços comunitários. Sem desmerecer o fato de que as revoluções burguesas dos inícios da história europeia e americana moderna efetivamente derrubaram a autoridade arbitrária imposta de cima para baixo, pode ser que a ênfase nas liberdades individuais tenha erodido lenta, mas seguramente, o nosso senso de união. Se assim for, então a missão da filosofia política poderá não ser a de articular um acerto justo entre competidores individuais, e sim lembrar às pessoas dos elementos comuns, profundamente enraizados, que sustentam o seu senso de si mesmas como pessoas pertencentes a uma comunidade. Esses temas recebem poderosa expressão nas obras da corrente conhecida como comunitarismo. Eu vou apresentar, sucintamente, dois comunitaristas, Michael Sandel e Charles Taylor, descrevendo a resposta deles à obra de Rawls.

Sandel (1984) oferece um arsenal de argumentos para desafiar os pressupostos individualistas que estão por trás da teoria de Rawls da "justiça como equidade". Sandel começa reconstruindo a "versão liberal" padrão. Consiste ela em "priorizar o direito sobre o bem", o que significa que os liberais não acreditam em versão única da "vida boa", antes desejam garantir uma área extensa de liberdade pessoal, por meio de uma série de direitos, que permita aos indivíduos buscar sua própria concepção do que é bom (sem violar a liberdade dos outros). Os direitos individuais, portanto, não podem ser sacrificados ao bem maior, e as nossas instituições sociais e políticas precisam ser construídas de forma a reconhecer pluralismo razoável. Sandel vincula essa visão liberal ao conceito kantiano do sujeito (transcendental) que é anterior à experiência; sustenta ele que se trata de uma concepção de si que legitima a pretensão de que "o direito antecede o bem," o que significa que resulta em colocar-se valor superior no direito do indivíduo de buscar sua própria versão da "vida boa", e não em qualquer ideia de bem comum. Continua ele argumentando que a posição original de Rawls serve para enriquecer essa herança kantiana pelo fato de formular explicitamente uma afirmação de uma identidade *desobrigada*: um "sujeito entendido como anterior e independente de propósitos e fins" (1984: 86). O fruto, para Rawls, de acordo com Sandel, é de início uma sensação bem liberadora de liberalismo: conforme Rawls afirma, nós somos "fontes auto-originadas de pretensões válidas". Sandel, porém, levanta dúvidas: "Essa é uma visão gratificante... Mas será verdadeira?". (1984: 87)

Ele ataca essa questão argumentando que o princípio da diferença de Rawls pode ser levantado a partir da concepção do sujeito desobrigado, mas pressupõe uma concepção do sujeito como desimpedido especificamente de "obrigações antecedentes que poderiam minar a prioridade do direito" (1984: 90). Seu argumento é este: como sujeito desobrigado eu não mereço os benefícios da distribuição desigual de talentos, capacidades, e assim por diante; na verdade, como sujeito desobrigado, "isso se refere a tudo que me diz respeito", e assim eu não mereço nada porque não há nada intrínseco ao meu senso de sujeito que pudesse ser comum a todos. Isso dado:

a) Por que Rawls vem argumentar a favor do princípio da diferença?;
b) O apelo intuitivo do princípio da diferença só pode ser mantido se afastarmos a ideia do sujeito desobrigado, ou seja, evidenciando que de fato há elementos em nosso senso de nós próprios que são compartilhados pelo menos no âmbito de certas comunidades. O que é compartilhado?

De acordo com Sandel, são "nossos vínculos constitutivos... como membros desta família ou comunidade, ou nação ou povo ou portadores desta história, como cidadãos desta república", e esses vínculos "permitem que a alguns eu deva mais do que a justiça requer ou mesmo permite, não em razão de acordos que eu tenha feito, mas em virtude desses vínculos e comprometimentos mais ou menos duradouros que, em conjunto, definem parcialmente quem eu sou". Imaginar uma pessoa sem esses comprometimentos não é evidenciar os elementos racionais de um indivíduo como agente livre, mas é antes "imaginar uma pessoa completamente sem caráter" (1984: 90). Essa afirmação recebe uma versão alternativa na crítica que Taylor faz ao individualismo ou, como diz ele, atomismo.

Taylor (1985) sustenta que, para individualistas liberais como Rawls e Nozick, a sociedade é apenas um conjunto de átomos racionalmente interessados em si próprios: indivíduos cerrados em si mesmos e ligados uns aos outros apenas pelo desejo de maximizar na vida seus próprios fins. Essa visão de sociedade tem consequências importantes quanto à maneira como os individualistas liberais concebem a obrigação política. Na versão atomística, os indivíduos concordam, por meio de um contrato legalmente válido, cooperar uns com os outros para encontrar benefícios recíprocos na busca dos fins individuais. A obrigação que os indivíduos sentem uns em relação aos outros sempre é mediada por esse desejo fundamental de promover os próprios fins. O individualista liberal, o atomista, portanto, não percebe valor intrínseco na sociedade em si (quem sabe até ao ponto de negar que a sociedade sequer "exista"). Assim sendo, cada comunidade, inclusive a própria comunidade política (o Estado), é considerada provedora de associações que são de valor meramente instrumental, e não intrínseco: instrumental no que se refere à realização dos próprios fins dos indivíduos, e não de bens em si próprios. Essa concepção é muitas vezes posta em termos de direitos: os direitos do indivíduo precisam ter prioridade sobre a busca de qualquer bem "social" ou "comum," porque os direitos dos indivíduos são tidos como incondicionais e invioláveis, de forma que possuem primazia teórica sobre quaisquer direitos que tenhamos como membros de um grupo. Na verdade, nossa obrigação para com a sociedade é vista como derivada dos nossos direitos individuais e, portanto, condicionada ao nosso consentimento. Esse consentimento está ele próprio condicionado ao fato de que a obrigação para com a sociedade nos precisa ser racionalmente vantajosa enquanto indivíduos. A conclusão é que, portanto, terá de ser uma obrigação que nós possamos decidir dar ou não dar.

Em contraste com a versão atomística da relação entre os indivíduos e as obrigações sociais, Taylor sustenta que nós não podemos atribuir direitos naturais sem afirmar o valor de certas capacidades humanas, tais como a capacidade de tomar decisões autônomas na vida. Afirmar essas capacidades, porém, significa que devamos promovê-las e cultivá-las em nós mesmos e em outros. Certas capacidades, porém, como a nossa capacidade de fazer escolhas em benefício de nós mesmos como indivíduos, só podem desenvolver-se numa sociedade de certo tipo, ou seja, uma sociedade que valoriza muito a autonomia. Essa é a "tese social" de Taylor: nós só conseguimos nos tornar agentes autônomos se estivermos situados num contexto em que a autonomia seja valorizada, vale dizer, num contexto democrático moderno. Isso, porém, significa que, se valorizarmos os direitos individuais, já temos a obrigação de contribuir para a manutenção desse tipo de sociedade. Conclui ele que, se a tese social for verdadeira, a "primazia dos direitos" associada ao atomismo será impossível:

> ... pois asseverar os direitos em questão é afirmar as capacidades e, uma vez concedido que a tese social seja verdadeira no que respeita essas capacidades, isso nos compromete com uma obrigação de pertencer. Isso será tão fundamental como a assertiva de direitos, porque dela é inseparável. Seria, pois, incoerente tentar asseverar os direitos, enquanto se nega a obrigação ou se lhe atribui o *status* de um extraopcional, que possamos ou não contratar; essa é a assertiva que a doutrina da primazia faz. (1985: 197-8)

Contra versões atomísticas, Sandel e Taylor promovem o comunitarismo. O comunitarismo, na maioria das suas variantes (embora Alasdair MacIntyre seja aí uma exceção notável), pode ser designado como uma espécie de *holismo* liberal em contraste com o individualismo liberal. Com base no entendimento de Sandel dos nossos "vínculos constitutivos" e na tese social de Taylor, poderia parecer que não se possam defender direitos individuais sem afirmar o compromisso de contribuir para o progresso da espécie de cultura compartilhada na qual está enraizada a autonomia – a cultura democrática moderna. Desenvolver a nossa autonomia é desenvolver a sensação de nós próprios como seres autônomos, mas isso não é coisa que possamos fazer por nós mesmos. Ao contrário, isso só pode ser feito em diálogo com outros, aninhando a nossa sensação de nós próprios no interior de uma tradição. Isso vai proporcionar uma fundação mais segura, por ser menos incoerente, sobre a qual se possam garantir os valores do liberalismo. Os comunitaristas alegam que o liberalismo requer uma teoria ontológica concernente ao que seja ser humano de maneira que não seja atomística. Essa ontologia haverá de revelar nossa dependência de bens sociais compartilhados e de laços comunitários; ou seja, ela estará baseada em pressupostos "holistas", e não "atomistas". Quais as implicações? A ênfase liberal individualista na liberdade como "não interferência" (liberdade negativa) pode ser vista como limitada em valor, visto que a liberdade real envolve "domínio de si" a ponto de ter desenvolvida em nós uma capacidade para discernir entre bens sociais mais ou menos importantes, de forma que sejamos capazes de perseguir os bens de real valor – por exemplo, distinguir entre os nossos desejos tanto de companhia como de Coca-Cola e reconhecer que o primeiro é qualitativamente superior em valor a esse último! Em suma, o desenvolvimento da nossa autonomia requer um compromisso com a nossa cultura democrática que o atomismo não consegue por si próprio justificar.

Esse sentimento de compromisso está resumido de forma aproveitável na concepção de "republicanismo cívico". O republicanismo cívico principia reconhecendo que a liberdade individual só pode florescer se os laços sociais que tornam possível a vida autônoma também puderem florescer. Isso significa que um Estado numa cultura democrática deveria visar a dar expressão a uma concepção compartilhada do que é bom, permitindo aos indivíduos exercitarem sua capacidade de escolha. Além disso, o Estado deveria encorajar boa cidadania nas gerações futuras, desenvolvendo mecanismos para deliberação (por exemplo, júris populares), fortalecendo a educação, de forma que os indivíduos sejam capazes de deliberar mais eficazmente, gerando uma sociedade civil vibrante, cheia de oportunidades para o tipo de atividades comunitárias que liberam os valores compartilhados dos quais se diz que garantem os nossos vínculos sociais. Enquanto o atomista liberal alega que o Estado precisa ser neutro com respeito às concepções do que é bom, dado um pluralismo razoável, o comunitarista sustenta que essa é uma noção quimérica, impossível de se manter, e que por isso precisamos reconhecer que o Estado deveria estar articulando um propósito comum; ponto em que o fantasma da igualdade torna a levantar-se, porque nem sempre está claro que articular um propósito comum, ainda que pretenda ser aberto e sensível à diversidade, verdadeiramente compreenderá as complexas necessidades de todos os cidadãos – especialmente daqueles que sentem estar à margem do consenso político. Estará a resposta a essa confusão nas teorias relativas à democracia?

5
Democracia e ordem política

Foi em tempos mais ou menos recentes que a democracia se tornou uma forma de governo por muitos considerada inquestionável: no fim deste capítulo, veremos que isso pode constituir um problema para a própria democracia. Até o século XX, a democracia muitas vezes foi tida como suspeita. Foi considerada uma forma de governo baixa ou corrupta que não avaliava adequadamente o fato (para alguns) óbvio de que as massas são incapazes de governar a si próprias. Por muitos séculos, se supunha que somente os sábios e poderosos (e esses eram vistos como pessoas idênticas) mereciam pronunciar-se sobre como a sociedade deveria ser conduzida. Afora o desenvolvimento da liberdade e da igualdade como ideais políticos, dois eventos de grande importância no século XX parecem haver modificado para sempre essa concepção. Na sequência da Segunda Guerra Mundial, já não era aceitável presumir que um líder carismático pudesse conduzir um país, porque esse tipo de liderança estava para sempre marcada pelos horrores ideológicos do fascismo. O governo tinha que ser "pelo povo", não somente "do povo", caso se quisesse evitar que acabassem em versão distorcida do que era o melhor "para o povo". Afora isso, a Guerra Fria que surgiu das cinzas da Segunda Guerra Mundial punha em confronto as reanimadas concepções democráticas da burguesia liberal e a alternativa do modelo "comunista" de governo, que pretendia ser uma "democracia de trabalhadores", mas que, na verdade, era um Estado de partido único com pouca ou nenhuma característica democrática. Ainda assim, quando democracias liberais conduzidas pelo mercado pareciam resultar vitoriosas em 1989, com a derrubada do Muro de Berlim, o triunfo final do "governo pelo povo" parecia ter emergido de um campo de batalha de muitos séculos. Francis Fukuyama (1992) captou memoravelmente esse sentimento de triunfalismo quando proclamou o fim da disputa ideológica e a vitória histórica universal da democracia liberal no seu livro, *O Fim da História e o Último Homem*. Por um breve momento, parecia que a vitória inevitável da democracia sobre outras formas de governo – entendida como inevitável com base no pseudo–hegelianismo que impulsionava a análise de Fukuyama – estava incorporada a democracias liberais (tipicamente) ocidentais. Ao fim de um século de terrível conflito, dizia-se que a humanidade tinha alcançado a destinação política final: a democracia.

Entretanto, as democracias liberais do final do século XX e do início do século XXI jamais haviam parecido tão frágeis. O tumulto interno das políticas multiculturais (por exemplo, os protestos que se seguiram à publicação dos *Versos Satânicos* de Salman Rushdie, a agitação que se seguiu à publicação dos desenhos de figurinhas retratando Maomé no jornal dinamarquês *Jyllands-Posten*, e o quebra-quebra racial nos subúrbios de Paris, ambos no outono de 2005); revolta crescente em relação à corrupção política; a apatia dos votantes alcançando índices alarmantes; forças globais que fazem esforços políticos domésticos parecer sem sentido; grandes divisões econômicas no interior das sociedades democráticas liberais; minorias alienadas; política local cada vez mais ineficaz; e muito mais – todas essas mudanças se somam para produzir um significativo déficit democrático nas políticas liberais democráticas contemporâneas. Além disso, as estratégias e intervenções reconhecidamente não liberais e discutivelmente não democráticas que os países democráticos têm usado no palco internacional – notadamente o desencadear de guerras vistas por muitos como ilegítimas – e as dificuldades associadas com qualquer tipo de governança democrática global que está emergindo das salas de controvérsia das Nações Unidas sugerem que as grandes vitórias dos pensadores, políticos e ativistas democráticos podem estar perigosamente próximas do desenlace.

Somando-se a essas preocupações e contrastando com o otimismo de Fukuyama, pode bem ser que a democracia liberal na sua versão ocidental não seja a única via para se alcançar uma ordem política viável e sustentável. A transformação da China pode ser descrita como um processo de democratização, mas poderá produzir uma versão distintamente chinesa da democracia, incorporando valores asiáticos em vez dos ocidentais. Da mesma forma, pode bem ser que os países islâmicos recentemente ressurgidos estejam abrindo uma trilha que conduz à ordem política do século XXI, com base em seus próprios valores e práticas políticos, sem recorrer a ideologias individualistas de direitos e liberdades. Entretanto, em vez de mergulhar no mar turvo da futurologia, este capítulo vai rever alguns dos debates centrais da teoria democrática, procurando saber especialmente se a democracia é ou não uma forma de organização política que oferece a melhor garantia de uma política ordeira. O lugar para iniciar são os argumentos de Platão contra a democracia, argumentos que se concentram na alegação de que as políticas democráticas não são a melhor forma de república precisamente por terem a tendência de dissolver-se na desordem e no caos.

DEMOCRACIA E DESORDEM

A crítica de Platão à democracia repousa em três argumentos básicos. Em primeiro lugar, argumenta ele que a maioria do povo é um mau juiz do que seja o melhor curso para o barco do Estado (1974: 280-92). A maior parte dos indivíduos, afirma ele, julga à base do impulso, com sentimento de pena, com preconceito pessoal e assim por diante. Mesmo que estejam tentando fazer a coisa certa, as pessoas têm a tendência de permitir que as emoções tomem conta delas no sentido de favorecer algumas pessoas em detrimento de outras. Evocando a analogia da caverna de Platão (ver Capítulo 4), os juízos pouco confiáveis das pessoas não surpreendem porque a grande maioria pode ser vista como presa a um mundo sombrio de aparências, incapaz de contemplar a realidade das coisas, de forma que, ao fazer escolhas, recorre às emoções mais íntimas e aos laços mais pessoais com os outros. Contrastando com isso, como vimos, os que conhecem a realidade das coisas e conseguem separar conhecimento de opinião (os filósofos) podem governar, tendo em mente o bem comum – porque, de fato, eles próprios "viram" o que é bom.

Em segundo lugar, Platão argumenta que a democracia produz maus líderes. O sistema encoraja a promoção de *slogans* populistas e a tomada de decisão deficiente por parte dos líderes, por sempre estarem tentados a promulgar legislação destinada apenas a manter as pessoas contentes. Por meio de imagem extremamente sugestiva, Platão compara o governar uma democracia com a tentativa de controlar um enorme animal rebelde, "chamando bom o que lhe agrada e mau o que o aborrece" (1974: 288). Os líderes democráticos, precisamente por precisarem estribar-se na vontade popular, são impelidos a considerar a vontade da maioria como legítima, simplesmente porque é a vontade da maioria, sem verificar se ela tende ou não a aproximar o populacho como um todo da "vida boa". O temor da turba descontrolada prevalece sobre as exigências da razão, e a tomada de decisão carece da sabedoria necessária ao bom governo.

Afora isso, argumenta Platão, a democracia pode maximizar a liberdade dos súditos, mas, ao fazer assim, na verdade fortalece a tendência à formação de facções, sectarismo e tribalismo na política. As pessoas querem ser livres, mas querem elas realmente a discordância e o conflito que seguidamente resulta da livre expressão de ideias políticas? De acordo com Platão, as pessoas preferem viver em segurança no seu lugarzinho, como parte de uma política que funciona, a ter liberdade pondo em risco a própria segurança. Caso isso pareça ser condescendente, convém verificar se Platão tinha razão a esse respeito em vista da recente legislação de segurança que resultou da "guerra ao terrorismo" (por exemplo, a legislação que permite detenção prolongada dos "suspeitos de terrorismo" e o uso incrementado de técnicas de vigilância). A democracia e a liberdade estão intimamente conectadas, mas só a liberdade não justifica a democracia: a liberdade é um valor que nós poderíamos (deveríamos?) sacrificar prontamente por amor a uma ordem política (não democrática). No entanto, continua Platão, as liberdades democráticas não só conduzem ao tribalismo: também aumentam a tendência à permissividade. A livre expressão, acentuava ele, muitas vezes toma a forma de licenciosidade, seja na forma de sexo, drogas ou poesia (o *rock and roll* de Platão)! Para Platão, essa liberdade é ilusória, atolada como está na rotina de perseguir prazeres imediatos. Em termos mais fundamentais, porém, esses usos da liberdade simplesmente acentuam a fragmentação social causada pelo tribalismo democrático.

Mas o que há de errado com essa livre expressão? Nós, modernos, vemos diversidade, não fragmentação. Platão argumenta, porém, que a democracia é simplesmente insustentável. Os conflitos que assinalam que jamais será a raiz que faça brotar uma ordem política estável. Na verdade, Platão assevera que o maior perigo da democracia é que ela vai resultar em tamanha dissolução social e política que não haverá meio de restaurar a ordem que não seja a tirania. Será necessária não a tirania bondosa dos sábios, mas a tirania descarada do déspota. No fim das contas, de acordo com Platão, é isso o que torna condenável a democracia como forma de governo: a democracia não pode ser a melhor forma de governo porque inevitavelmente conduz à tirania.

DEMOCRACIA E O VALOR DA PARTICIPAÇÃO POLÍTICA

Dois milênios depois, J. S. Mill virou esses argumentos do avesso, por assim dizer, em famosa defesa do governo representativo. Ele defendeu a democracia com base exatamente em que participar do governo seria maximizar as próprias capacidades morais e intelectuais e assim alcançar um sentimento de prazer que é qualitativamente superior aos prazeres elementares, meramente transitórios, da vida. A discussão figura na obra *Considerações sobre o Governo Representativo*, publicada em 1861, época em que não se poderia presumir o valor do governo representativo. Havia um platonismo sorrateiro nas ideias da classe média vitoriana acerca da política: se pudessem só os sábios continuar governando, pensava-se muitas vezes, o restante da sociedade vitoriana abastada poderia continuar fazendo as outras coisas com que se distraíam damas e cavalheiros vitorianos. Mill julgou prudente atacar essa questão de frente e elaborou um exercício mental simples para expor as questões que estavam em jogo. Seu exercício intelectual refere-se a um déspota bondoso, e ele começa com a seguinte pergunta: Seria melhor ser governado por um déspota bondoso do que termos que tomar parte na vida política nós mesmos?

O déspota bondoso que Mill tem em mente não possui nenhum dos vícios humanos que nos fariam desgostar do seu governo despótico. O verdadeiro, ainda que imaginário, déspota bondoso é sábio, cheio de consideração, equipado com todas as informações necessárias para tomar boas decisões e, com certeza, não inclinado à corrupção ou sedento de poder. Assim sendo, a evidente inviabilidade de um déspota genuinamente benévolo é posta de lado por Mill para que possa chegar ao cerne da questão: Se o déspota benévolo realmente estiver tomando em nosso lugar as melhores decisões políticas, será essa a melhor forma de governo? É justo dizer que conseguimos perceber o encanto. Poderíamos imaginar mais tempo para fazer as coisas que quiséssemos – marcenaria, dança e metafísica, por exemplo – sem o compromisso de ter que enfrentar políticos inconvenientes na porta de casa e aqueles enfadonhos programas de política na televisão. Na verdade, o atrativo de não ter que participar da política é parte do pacote de ideias que motivam o clamor liberal por "reduzir o Estado". Há muitos indivíduos que aplaudiriam uma vida sem política se pudessem garantir a benevolência do déspota de Mill: saudariam esse sistema porque poderiam gozar das próprias liberdades sem o encargo do envolvimento político para garantir tais liberdades. Pode ser que muitos indivíduos nas democracias liberais democráticas de hoje sejam bem mais vitorianos do que costumamos pensar!

J. S. Mill, porém, argumentava que abdicar da participação política, mesmo que um déspota verdadeiramente bondoso assumisse a cena política, seria um desastre para a nossa percepção de nós mesmos como seres racionais, morais e religiosos. No que concerne a nossas capacidades intelectuais, Mill sustenta que a vida sob um déspota benévolo redundaria em atrofia das nossas capacidades de investigação racional e de pensamento progressivo. Argumenta ele que a geração de conhecimento sempre necessita extravasar, e que nós temos que ter condições de aplicar nossas descobertas para que possam ser testadas, reconhecidas e aperfeiçoadas. Sob um déspota benévolo, porém, a própria possibilidade de aplicação desse conhecimento estaria sujeita aos caprichos do déspota, e nós perderíamos rapidamente o desejo até mesmo de nos empenhar por progresso intelectual em face de tal arbitrariedade. No que diz respeito à nossa sensibilidade moral, o argumento é similar. Mill observa que "o alimento do sentimento é a ação" (1972: 220), o que significa que, sem uma saída para procurar novos modos de vida, não só para ficar discutindo teoria moral, os indivíduos acabariam insensíveis aos demais em torno deles, e a humanidade toda sofreria, porque as pessoas aprenderiam a nada sentir. Restaria esperar que, apesar de tudo isso, poder-se-ia encontrar alívio no domínio religioso. Mill, contudo, não vê opção nesse sentido, pois qualquer religião autorizada a remanescer sob o déspota benévolo estaria esvaziada de qualquer papel social para tornar-se "o mais egoísta e contraído dos egoísmos". Em resumo, por mais prudente e benévolo que seja o déspota, sem os meios para desenvolver plenamente as nossas capacidades intelectuais, morais e religiosas, que precisa incluir o de serem desenvolvidas no domínio público, nós nos tornaríamos criaturas atrofiadas, incapazes de pensar racional, moral ou religiosamente. Isso seria um desastre, porque a função de todo bom governo, presume Mill, é o incremento do povo.

Se o despotismo benévolo não promove o povo, que forma de governo o faria? De acordo com Mill, a simulação do déspota benévolo esclarece: "a forma idealmente melhor de governo é aquela em que cada cidadão não apenas tem voz no exercício da soberania, mas também participa de alguma função pública" (1972: 223). É digno de nota que Mill não concebe "a forma idealmente melhor de governo" como aquela em que todo mundo tem voz: é antes aquela em que cada um tem participação "em alguma função pública". Esse conceito de consagração ao dever público resulta em muitas características interessantes da defesa que Mill faz da democracia representativa, e é especialmente notável sua defesa da "votação pública". Sustenta ele que é dever de cada eleitor pôr de lado os próprios interesses egoístas e "ter em conta o interesse do público" (1972: 326). Votar secretamente, escondido em cabine de votação, não encoraja essa atitude, portanto, Mill argumenta que deveríamos todos votar em fórum público: nossas preferências deveriam ser conhecidas, para que sejamos obrigados a justificar em que medida baseamos nosso voto no interesse público, e não em interesses privados. Significa pelo menos que todos podemos exercer "alguma função pública" pelo simples voto, ainda que Mill esperava um engajamento mais profundo com a vida política do que o simples voto.

Mas quais são os benefícios de participação política ativa? Quais são os incrementos que traria ao povo? Sejam quais forem as provações envolvidas na vida política, Mill acreditava que a vida pública trazia consigo benefícios a longo prazo, que na vida sem ela não se poderiam obter. Ele afirma, por exemplo: "só se obtém o mais alto nível do efeito tonificante da liberdade sobre o caráter quando a pessoa a que se refere a ação ou é ou está em vistas de se tornar um cidadão tão plenamente privilegiado como qualquer outro" (1972: 232). Ainda que possamos sentir uma explosão momentânea de liberdade ao nos confiarmos ao déspota magnânimo, esse sentimento só haverá de diminuir e evanescer à medida que entendermos que estamos privados do controle sobre nossa própria vida intelectual, moral e espiritual. Apesar de todo o trabalho árduo de estar na política, o benefício da participação política aos indivíduos é que cada um há de experimentar um senso ainda maior de liberdade à medida que esteja mais envolvido e mais apto a assumir controle da própria vida. O benefício para a sociedade é que indivíduos livres vão perseguir projetos intelectuais, morais e espirituais que conduzirão ao progresso de todos na sociedade.

Entretanto, assim como consta, esse argumento favorece a participação política; não é em si um argumento a favor do governo representativo. Mill está obrigado a enfrentar a seguinte pergunta: que tipo de governo haveria de maximizar a participação e assim instilar no povo o maior efeito tonificante da liberdade? É interessante que Mill considera que o *comunismo* possa ser uma forma de governo que promova o tipo de participação política que haveria de beneficiar a sociedade. Em última análise, porém, ele descarta essa possibilidade. Ele concede que a forma comunista de organização possa ser apropriada para uma elite pequena, altamente educada, da sociedade vitoriana (Mill era grande defensor de "experimentos de vida"), mas dada a impossibilidade de a grande massa de povo corresponder aos ideais de comunismo (os indivíduos são por demais egoístas, presume ele), e dado que apenas comunidades de pequena escala poderiam quando muito aproximar-se do ideal, ele argumenta que a melhor forma de governo, aquela que maximiza o "o efeito tonificante da liberdade" terá que ser o governo representativo.

Essa defesa do governo representativo está fundamentada em distinção tornada famosa por Mill na crítica e revisão da versão de Jeremy Bentham do utilitarismo. Enquanto Bentham sustentava que "jogar xadrez chinês é tão bom quanto a poesia", que todas as fontes de felicidade são equivalentes, Mill defendia que há alguns prazeres que são qualitativamente superiores a outros. A fim de provar sua afirmação, alegou que é "melhor ser um ser humano insatisfeito do que ser um porco satisfeito, melhor ser Sócrates satisfeito que um tolo satisfeito" (1972: 10). Em outras palavras, não importa quão infeliz se possa ser como ser humano, nós sempre seremos capazes de experienciar prazeres que são incomensuravelmente superiores aos que o porco sente revolvendo-se no barro. Em termos mais controvertidos talvez, ele continua dizendo que, por mais miserável que seja uma vida de questionamento e dúvida que produz um filósofo como Sócrates, ele, sem dúvida, será mais feliz do que o tolo satisfeito que busca seus prazeres de curta duração na última novela ou *videogame* (ou seu equivalente platônico). Quer concordemos ou não com isso, há boas razões para se pensar que a participação política seja uma via de atingir um senso de prazer superior, como defende Mill. Quanto mais participamos na vida da *polis*, mais livre nos tornamos, e mais nos aproximamos de desfrutar prazeres superiores. A participação política é componente decisivo da vida "energética" que Mill defendia (ainda que tenha tido em mente um senso bastante intelectual de vida energética). A participação política energética que o bom governo representativo requer, de acordo com Mill, torna-se a fonte de discussão livre e aberta que ele acredita ser um pré-requisito do progresso da humanidade no sentido de formas de existência cada vez mais plenas.

Por mais estimulante que seja, esse argumento levanta algumas importantes questões que precisam ser consideradas antes de se avançar. Deveria o governo dedicar-se a incrementar o povo? Talvez o governo devesse proporcionar não mais que uma estrutura de segurança básica (similar ao *Leviatã* de Hobbes) e que daí por diante dependeria de cada indivíduo decidir ele próprio incrementar-se ou não – e, caso decidisse assim fazer, se fosse prender percevejos no quadro ou ler filosofia. Estará Mills exigindo demais em termos de participação política? É ele um exemplo paradigmático de uma tendência comum na filosofia política: a tendência a presumir que todo mundo deveria ser um filósofo político. Trata-se de uma presunção que sustenta muitas visões inspiradoras, mas será realista e, mais importante ainda, acaso será desejável? É a participação política necessária para preservar nossa liberdade? A visão de Mill da liberdade que resulta de engajamento ativo na vida política, de fato, está em tensão com sua defesa da liberdade como espaço de não interferência. Ainda que essas ideias possam, em princípio, ser reconciliadas, é preciso levantar questão sobre onde se devem traçar as linhas divisórias entre o comprometimento de Mill com a privacidade e sua defesa do serviço público. Em termos mais fundamentais ainda, porém, conseguimos nós distinguir entre prazeres superiores e inferiores? Não será simplesmente elitismo da classe média vitoriana supor que ler poesia seja fonte de prazer superior a jogar jogos de salão? Pode ser que Mills esteja confundindo sua preferência pessoal por poesia com uma preferência que todos deveriam compartilhar? Na verdade, se o prazer é assunto de escolha subjetiva, então não haveria razão para presumir que haja prazeres superiores e inferiores. Prosseguindo nessa linha, é difícil enxergar como Mill consegue justificar a participação política da forma que o faz. Muitos outros filósofos políticos, porém, adotaram caminhos diferentes para justificar o governo democrático, e nós podemos degustá-los por meio de uma breve história do difícil nascimento das democracias liberais.

O DIFÍCIL NASCIMENTO DA DEMOCRACIA LIBERAL

A época moderna começou a alvorecer por toda a Europa a partir do século XVI, caracterizando-se por mudanças sociais, econômicas e intelectuais, aumento exponencial da industrialização, um amplo espectro de progressos científicos e tecnológicos que transformaram a produção e a comunicação e, acima de tudo, uma classe burguesa emergente e, em seguida, dominante, de empreendedores que tratavam de explorar essas mudanças para fins de lucro. A Europa medieval havia cultivado políticas hierárquicas baseadas no suposto direito divino dos reis, mas logo surgiram desafios a essa ordem feudal à medida que as economias e sociedades se modernizavam. Resultou um período de rebelião e revolução, enquanto a nova burguesia lutava para tomar conta das estruturas políticas que estavam entravando o avanço industrial. A democracia nasceu como expressão política de um processo de modernização, enraizada profundamente na transformação social e econômica da produção. É esse processo que explica por que "democracia" e "capitalismo" hoje nos parecem estar entrelaçados. A partir de uma perspectiva normativa, os conceitos que ligam esses termos são liberdade e igualdade, porque a democracia muitas vezes é tida como expressão política da liberdade e igualdade individual, que são essenciais ao funcionamento favorável do mercado livre.

Refletindo inicialmente sobre a liberdade, o ideal da democracia era oposto às formas feudais de governança paternalista com o propósito de assegurar a liberdade dos indivíduos. Nessa concepção ampla, porém, há duas ideias a serem discernidas. A primeira é que o governo democrático vai proteger os interesses das pessoas, dotando-as de direitos que funcionam como pretensões contra um Estado superdimensionado. Essas pretensões haveriam de desafiar a legitimidade das autoridades estatais, opondo-se à invasão injustificada na nossa vida privada. Isso é o que poderíamos chamar uma concepção *liberal clássica* da democracia. A segunda concepção de democracia que emergiu das cinzas do feudalismo estava baseada na ideia de que o valor da democracia está encarnado na ideia de um "Estado livre". Por essa razão, a liberdade pessoal e a liberdade do Estado estão intima e ineludivelmente conjugadas. Incumbe, portanto, ao Estado democrático o dever de proteger todos os seus membros, encorajando-os a serem bons cidadãos. Essa é a concepção *republicana cívica* da democracia. Locke é um bom exemplo de democrata liberal clássico, Rousseau, da variedade republicana cívica, e Mill de ambas as filosofias.

Embora coincidam em parte essas concepções da política democrática, elas apresentam ideias distintas acerca do valor da democracia. Afora isso, estão entrelaçadas de maneira um tanto confusa no nascimento de governos democráticos efetivos, e as suas pretensões contrastantes têm levantado questões que persistem nas sociedades liberais democráticas contemporâneas. Por exemplo, será função do governo democrático proteger interesses privados ou antes fomentar responsabilidade pública? Quem é "o povo" do Estado democrático: um grupo de indivíduos isolados ou uma comunidade vinculada por interesses comuns? Devemos conceber o bom cidadão como quem simplesmente vive a vida sem infringir qualquer lei, ou como alguém que ajuda a manter a própria *polis* democrática? Essas perguntas todas são exemplos de como as visões liberal e republicana da vida democrática continuam a conflitar entre si. Elas surgem, fundamentalmente, porque os democratas com frequência estão confusos sobre o que estão defendendo: a liberdade individual ou a liberdade coletiva? Um dos meios de avançar é enfocar o outro grande valor democrático: a liberdade.

O governo democrático tem a ver não apenas com a proteção da liberdade ou a promoção de um Estado livre: tem a ver também, fundamentalmente, com a igualdade do direito de cada pessoa a ter vez no governo. O princípio "uma pessoa, um voto" resume essa dimensão central igualitária do ideal democrático. A ideia motora aqui é que a única maneira de demonstrar que cada um é igual é fazer com que cada um tenha vez na condução do governo. Essa dimensão igualitária da democracia nega quaisquer desigualdades naturais entre os indivíduos (tais como as sustentadas pelos defensores do direito divino dos reis). Quer seja individual, quer seja coletiva, a liberdade que deriva da democracia, o aspecto porventura mais importante do governo democrático é que nos trata a todos como igualmente dignos de respeito, sejamos nós artesãos ou aristocratas.

Ainda assim, essa dimensão igualitária do ideal democrático não é tão definida como possa parecer. Na próxima seção, veremos como a natureza representativa das democracias liberais pode conspirar contra o ideal de influência igual no governo. É, porém, digno de nota que a igualdade democrática muitas vezes tem sido entendida como se estivesse em conflito com a busca da liberdade democrática. No século XIX, Alexis de Tocqueville, na sua obra de grande repercussão, *Democracia na América*, argumentou que a crescente pressão no sentido da igualdade na democracia dos Estados Unidos constituía uma ameaça à liberdade individual, por conduzir à "tirania da maioria". Conforme observamos no Capítulo 2, essa concepção influenciou fortemente J. S. Mill, que projetou a ideia argumentando que essa tirania emerge quando "o povo... se dispõe a oprimir uma parte dos seus integrantes"; e, continuava ele, isso é "agora em geral considerado um dos males contra os quais se requer que a sociedade esteja de sobreaviso" (1972: 73). Mill também reconhecia uma "tirania da maioria" na tendência das maiorias à mediocridade, à governança deficiente e à busca de satisfação a curto prazo. O perigo iminente, julgava ele, estava atrofiando a experimentação social e política, o planejamento a longo prazo e a sábia tomada de decisão, que são essenciais à liberdade dos indivíduos e povos.

DA DEMOCRACIA REPRESENTATIVA À DEMOCRACIA DELIBERATIVA

As democracias liberais nasceram com ideais conflitantes em seu seio e tiveram que sustentar uma batalha constante de ideias contra detratores elitistas – até ao ponto de tentar incorporar tais críticas *à la* Mill – e, em consequência disso, a democracia enfrenta hoje diversos críticos internos e externos, de ousadia talvez crescente. O infortúnio comum das democracias liberais dos nossos dias tem sido e continua sendo uma fonte de preocupação para os pensadores democráticos da filosofia política. Como superar esses problemas? Há amplo consenso de que, como Al Smith (um candidato democrata não eleito à presidência dos Estados Unidos em 1928) declarou: "a única cura para os males da democracia é mais democracia". Mas o que implica "mais democracia"?

Permitam-nos antes tentar esclarecer alguns problemas da democracia representativa, além da dificuldade que têm os democratas de procurar ser tanto libertários como igualitários. Está em jogo a própria ideia de representação. Falando em termos gerais, podemos repartir em duas a questão da representação: "Quem está sendo representado?" e "É a representação desejável ou mesmo possível"? Com respeito à pergunta anterior, é comum nas democracias liberais que, de vez em quando, alguém se encontre em minoria. Isso, em geral, não é muito problemático, porque nós seremos maioria em outras ocasiões. Mas o que fazer quando nos encontramos em minoria (relativamente) permanente? Nesse caso, nós não teremos influência efetiva na condução do governo, vale dizer que a democracia não promove nem a nossa liberdade nem a nossa igualdade. Supõe-se que os representantes simbolizem a sociedade toda, mas parece pouco provável que isso algum dia aconteça, especialmente quando a movimentação global de pessoas torna as nações-Estado mais heterogêneas internamente. Deveríamos, portanto, verificar se os nossos políticos deveriam ou não ser considerados representantes. Edmund Burke enfrentou essa preocupação no discurso de posse, ao tornar-se membro do parlamento em 1774. Reconhecendo que um membro do parlamento deveria "sempre, em todos os casos" priorizar os interesses dos eleitores acima dos próprios, Burke ainda assim declarou à audiência que "a opinião não preconceituosa de um membro do parlamento, sua consciência iluminada, seu juízo maduro não deveria ele sacrificar a esta audiência, a nenhum homem, nem a conjunto algum de homens vivos" (1996:68-9). Para Burke, cada membro eleito tinha o dever de se engalfinhar com o aparato complexo do governo como alguém com *delegação* para assim o fazer com sabedoria e coragem, e não como alguém que procure apenas representar os interesses dos seus eleitores. Burke aceitou isso como responsabilidade a ele confiada ao ser eleito. Para Benjamin Barber, filósofo político contemporâneo, a falta de representação na democracia representativa é uma falha que penetra no seu cerne: "o princípio representativo rouba dos indivíduos a responsabilidade final por seus valores, crenças e ações" (1984: 145).

Na origem dessas afirmações está o argumento de que seria teoricamente impossível conferir representação plena e adequada a qualquer coisa, menos ainda a uma "coisa" tão complexa e multifacetada como um eleitorado. Iris Marion Young, por exemplo, tem usado a famosa desconstrução da filosofia da presença de Jacques Derrida para desnudar as complexas suposições que fazemos, ao procurar justificar a natureza representativa das democracias liberais. Argumenta ela:

> Se aceitarmos o argumento de que a representação seja necessária, mas também supusermos uma imagem de que a tomada de decisão democrática requer a presença participativa dos cidadãos e que a representação seja legítima somente quando, de alguma maneira, o representante for idêntico ao eleitorado que o constituiu, temos então um paradoxo: a representação é necessária, mas impossível. (2000: 126)

Young sustenta que há um jeito de evitar o paradoxo, se reconceitualizarmos representação de forma que não mais implique substituir uma identidade por outra (a identidade do representante pela do eleitorado constituinte), mas isso implica uma relação "processual" entre os votantes e seu representante. Essa relação estaria baseada na diferença e separação entre ambos, em vez de estar baseada na sua identidade. De fato, tem-se aí uma via alternativa ao argumento de Burke de que o representante precisa estar conectado com os eleitores, mas nunca deveria confundir isso com a necessidade de ter que falar como se fosse a voz dos eleitores.

Por mais que tenha de ser reconhecida a ideia de delegação em vez de representação, ela tende a agravar em lugar de aliviar um problema premente dos regimes democráticos modernos. Em resumo, a ideia do delegado significa que o eleitorado tende a singrar para longe da política, a não ser quando precisa votar para eleger o próximo delegado, quando muitas vezes já terá perdido o interesse de qualquer maneira, de forma que nem mesmo se importa em saber quem recebeu a delegação de falar em nome dele como eleitorado. Pode haver uma tendência no sentido de que os sistemas representativos aumentem a distância entre o povo e o mundo da política, e boa parte da evidência empírica parece confirmá-lo. Disso poderiam resultar muitos problemas e, se lembrarmos a defesa de Mill da democracia representativa, poderemos concordar com Barber em que "sob o governo representativo, o votante está livre tão somente no dia em que vota" (1984: 145). Isso descreve uma dificuldade que tem levado muitos defensores da democracia a construir visões alternativas do sistema democrático, sendo o mais popular o da *democracia deliberativa*.

A democracia deliberativa é um modelo de governo democrático que procura superar as falhas do modelo puramente representativo, colocando grande ênfase no valor da "deliberação". Deliberação, neste contexto, refere-se a um processo ou, o mais das vezes, a processos de argumentação racional. A afirmação central, portanto, é que votar não é o suficiente para sustentar a democracia. Ao contrário, a democracia só poderá sustentar-se pela participação do povo em debate e discussão, com vistas a alcançar um consenso razoável sobre as questões políticas controvertidas. Uma das percepções que embasam a teoria deliberativa é que o debate e a discussão, se empreendidos racionalmente, podem nos levar a transformar nossas opiniões e preferências. Nessa base, portanto, a democracia não tem a ver simplesmente com agregar preferências individuais e agradar a maioria – com os perigos implícitos da "tirania da maioria" que provoca. É antes um processo mediante o qual as pessoas vão, na maioria dos casos, superar suas primeiras opiniões, por considerarem racionalmente as opiniões de outros envolvidos no procedimento de tomada de decisão. James Bohman bem resume o ideal de democracia deliberativa como "um processo dialógico de intercambiar razões no propósito de resolver situações problemáticas que não se conseguem solucionar sem a coordenação e cooperação interpessoal" (1996: 27). Posto nesses termos, porém, o ideal de democracia deliberativa pode soar idealista demais para vir a ser realizado. Entretanto, vale a pena examinar a estrutura teórica a que muitos teóricos deliberativos recorrem, conforme desenvolvida por Jürgen Habermas, cujas teorias da ação comunicativa e da ética do discurso proporcionam o cerne da base normativa para o modelo da democracia deliberativa.

A obra de Habermas (1984, 1987, 1990) pode ser descrita como uma tentativa de resgatar a visão democrática do Iluminismo na esteira de sua incorporação unilateral e distorcida na cultura democrática ocidental. O problema fundamental do projeto clássico do Iluminismo foi presumir que cada indivíduo seja um ser racional e que tão somente isso seria suficiente para garantir uma sociedade racional, conquanto que cada um se desse conta da própria racionalidade. Habermas, em vez disso, argumenta que não podemos presumir que nossa própria ideia da solução racional a um problema seja aquela que outros seres racionais hão de adotar. Precisamos antes apresentar nossas razões por meio de argumentação e debate, e só quando alcançarmos consenso poderemos dizer que encontramos a linha de ação racional propriamente dita. O aspecto inovador das pretensões de

Habermas a esse respeito, porém, é o fato de ele recorrer à linguagem do dia a dia para construir essa concepção propriamente dialógica da racionalidade humana. Se entendermos os pressupostos da comunicação humana, sustenta Habermas, seremos capazes de compreender o potencial democrático do debate e discussão.

Habermas descreve a conversação na qual cada um dos envolvidos está empenhado em chegar a um entendimento, de cada um com cada qual, como "ação comunicativa". De acordo com ele, quando usamos a linguagem comunicativamente, operamos com certas presunções: acima de tudo a de que, se quisermos honestamente chegar a um entendimento, precisamos pressupor que cada um de nós esteja motivado pela força da razão somente – não pelo desejo de "vencer o debate", ou de "controlar os demais envolvidos"; que não se esteja motivado, portanto, pelo desejo de poder, violência, lucro ou coerção. Um acordo não genuíno é nada mais que um *de facto accord*, quando concordamos por causa do desequilíbrio de poder que está em jogo; esse seria um acordo forçado em decorrência da ação estratégica de um dos participantes. Conforme Habermas o expressa, se estivermos esperando genuinamente chegar a um entendimento com outros mediante comunicação, estaremos sendo motivados tão somente pela "não forçada força do melhor argumento". A ação comunicativa, portanto, está baseada em uso não instrumental da razão: a razão não é tratada como meio para qualquer outro fim, mas como um bem em si. Um acordo alcançado comunicativamente não consiste em uma pessoa tratar a outra como objeto; em termos filosóficos, não está baseada na relação sujeito – objeto, mas numa relação genuinamente *intersubjetiva*: uma relação entre pessoas. Os criadores do Iluminismo não deram atenção suficiente a esse importante aspecto do raciocínio porque presumiam que todas as pessoas razoáveis simplesmente chegariam à mesma conclusão racional sem necessidade de diálogo. Habermas reconhece que são raros os diálogos reais isentos da influência deletéria do dinheiro, ou poder, ou que sejam motivados apenas pelo desejo de um argumento melhor. Mesmo assim, argumenta ele, a plausibilidade intuitiva da distinção entre um acordo razoável e um forçado significa que nós pressupomos, nas nossas conversações do dia a dia, a possibilidade do que ele chama "uma situação ideal de fala".

A presunção de que a linguagem contém o esboço de uma situação ideal de fala proporciona aos defensores da democracia deliberativa a esperança de que a discussão racional possa dar corpo ao ideal democrático que falta à mera representação. Mas não estamos retrocedendo a uma série de presunções extremamente idealistas? Como justifica Habermas a concepção de que a linguagem do dia a dia traz implícita a situação ideal do discurso? Embora haja muitas respostas longas para essa questão, para os nossos fins, podemos extrair uma resposta breve e prestar atenção em três que daí emergem. A afirmação principal é que o uso da linguagem com vistas ao entendimento racional precisa ser priorizado teoricamente em relação ao uso da linguagem com vistas a um fim estratégico. Habermas defende essa assertiva principal de três maneiras. Em primeiro lugar, ele sustenta que a ação estratégica é um parasita da ação comunicativa, no sentido de que não se consegue usar a linguagem em proveito próprio sem antes saber usar a linguagem para procurar alcançar entendimento com outra pessoa. Em segundo lugar, ele afirma que a aprendizagem da linguagem é inerentemente comunicativa, no sentido de que jamais aprenderíamos a língua materna, ou qualquer outra, se não fosse possível alcançar uma série de entendimentos com outros falantes. Em terceiro lugar, e acima de tudo, ele argumenta que a ação comunicativa é a fonte da "reprodução do mundo da vida". O termo "mundo da vida" é um dos que Habermas toma emprestado ao filósofo Edmund Husserl; refere-se ao horizonte que serve de pano de fundo aos significados que promovem a reprodução cultural, a interação social e a socialização. Habermas sustenta que, se nós alguma vez agimos estrategicamente, não seria possível manter esse horizonte de pano de fundo de significados, visto que agir simplesmente para si mesmo é desfazer os laços de sociabilidade. Na verdade, agir estrategicamente o tempo todo seria apartar-se por completo do mundo social – resultando, em sua concepção, esquizofrenia ou suicídio.

Quer se aceitem ou não esses argumentos a favor da presunção de que uma situação ideal de fala está profundamente entretecida em cada ato de comunicação, é de importância crucial para as presunções de Habermas que possamos distinguir entre um acordo legítimo, baseado em discussão racional, e um ilegítimo, forjado nas labaredas do dinheiro e do poder. Com respeito à política, a questão central é conseguirmos ou não realizar esse acordo genuíno acerca de normas que governam nossa interação. No esboço de Habermas, quando intencionamos enfrentar a questão das normas, estamos usando comunicação para um fim ético, e ele descreve esse processo como "ética do discurso". De acordo com Habermas (1990), se estamos procurando alcançar um acordo sobre as normas que deveriam governar a sociedade, um diálogo sem coerção visando a entendimento recíproco vai, em princípio, produzir um resultado racionalmente justificável. Em outras palavras, um discurso genuíno que não evidencia em si as distrações do poder e do dinheiro vai fazer surgir normas de cooperação social com as quais todos podem assentir, sem considerar sua própria concepção do que é bom. Sendo esse o caso, podemos perceber um atrativo para os teóricos democratas. A ética do discurso baseia-se na ideia de que possamos alcançar um acordo racional sobre qual seja a melhor maneira de nos darmos bem uns com os outros a longo prazo – não só fazendo pactos políticos temporários que possam dissolver-se na próxima votação, mas, pelo contrário, aceitando a força do melhor argumento. Se a democracia é uma via para garantir que todos tenham voz no governo, seria melhor encorajar cada um a viabilizar um consenso racional permanente, em vez de simplesmente deixar que manifestem sua opinião periodicamente, por exemplo, a cada cinco anos, ou na eleição geral.

Será viável a democracia deliberativa? Como se há de alcançar, em complexas sociedades modernas, o objetivo do consenso racionalmente motivado? Boa parte da literatura atual concernente à democracia deliberativa está focada nessa questão e em outras relacionadas, porque as críticas que têm sido levantadas contra esse modelo de democracia tendem a questionar a natureza utópica do ideal deliberativo. Bohman resume o problema enfrentado pelos que desejam institucionalizar a deliberação quando declara: "ou as instituições que tomam decisões ganham em eficácia à custa da deliberação democrática, ou preservam a democracia à custa da eficácia da tomada de decisão" (1998: 422). Mas, de acordo com Bohman, esse dilema pode ser superado, e ele, juntamente com outros teorizadores da democracia deliberativa, tem usado esse dilema como trampolim para uma filosofia política aplicada muito inovadora. Embora não seja possível resumir todas as iniciativas interessantes que têm sido propostas, podemos discernir, grosso modo, as que visam a revigorar as estruturas democráticas existentes, e aquelas que sugerem novos procedimentos para incrementar as democracias existentes. Para ambas, é decisivo o alvo de se criar uma cidadania alerta e disposta a engajar-se ativamente na sociedade civil provida abundantemente de oportunidades para o debate e a discussão coletivos.

Quanto a revigorar estruturas políticas existentes, o primeiro item da pauta geralmente são os partidos políticos. Eles têm se inclinado a se tornar máquinas burocráticas direcionadas ao sucesso nas eleições. Se pudessem ser rejuvenescidos mediante os princípios da democracia deliberativa, poderiam tornar-se espaços de legítimo debate e discussão com vistas a viabilizar a apresentação de políticas baseadas no que seja melhor para a sociedade, em vez de políticas direcionadas simplesmente a vencer nas eleições. Apesar de tudo soar estranho à realidade dos partidos políticos da atualidade, não está de forma alguma além do âmbito da possibilidade de se poderem tornar a encarnação, ao menos em parte, do ideal deliberativo. Pensando em maneiras relativamente novas de institucionalizar a deliberação, tem sido colocada muita ênfase nos júris de cidadãos. São eles conjuntos de indivíduos (geralmente escolhidos dentre todo o eleitorado, por sorteio, como um júri regular) encarregado de debater políticas públicas decisivas. O propósito consiste em criar um microcosmo de deliberação que possa ser usado para inferir o que a maioria da população haveria de concluir, se todos estivessem engajados nesse debate. Nessa ideia, sem dúvida, há problemas, mas também tem sido feito um trabalho empírico sobre esses júris que evidencia que a esperança deliberativa de transformar opiniões originalmente egoístas em conclusões mais razoáveis resultantes de consenso está manifesta nesses experimentos de pequeno porte. A incumbência dos advogados da deliberação é descortinar maneiras pelas quais esses sucessos de pequeno porte possam ser ampliados para o tipo de processo de tomada de decisão que seria necessário em sociedades modernas complexas.

Mas não são só problemas práticos que os teorizadores da democracia deliberativa precisam enfrentar. A questão fundamental é se a deliberação vai ou não conduzir a decisões melhores, a saber, a decisões que sejam qualitativamente mais racionais do que as alcançadas por uma simples junção de opiniões. Será que a deliberação efetivamente transforma uma mera opinião em concepção racional? É possível o consenso, ainda que seja em teoria? Afora isso, pode ser que apreciemos a democracia precisamente por permitir que floresçam a diversidade e o dissenso, e talvez estejamos dispostos a questionar um ideal de democracia que enfatiza tanto o acordo. São essas algumas das perguntas e questões levantadas pelos críticos da democracia deliberativa, que, não obstante, querem defender um ideal "radical" de democracia como meio pelo qual possamos manter vivos a discordância e o dissenso no mundo político.

AGONISMO* E ORDEM POLÍTICA

O surgimento da democracia radical como corrente reconhecida de teorização democrática está relacionado com a publicação, em 1985, da obra *Hegemonia e Estratégia Socialista: Por uma Política Democrática Radical*, de Ernesto Laclau e Chantal Mouffe. Empregando uma mistura de marxismo e pós-estruturalismo (Capítulo 3), desenvolveram eles uma crítica às teorias contemporâneas que deixam de reconhecer "antagonismos sociais" que efetivamente estruturam o mundo político onde habitamos. Enquanto os filósofos da democracia tendem a enfatizar comunidade, acordo, consenso e racionalidade, Laclau e Mouffe argumentam que essas ideias desvirtuam as divergências fundamentais que, para começar, fazem surgir a política. Só uma concepção radical da democracia, sustentam eles, poderia habilitar a coexistência dessas diferenças. Com relação a Habermas e outros teóricos deliberativos, por exemplo, Laclau e Mouffe acentuam que dividem com eles o desejo de transcender as limitações do modelo representativo, agregador e majoritário, mas eles também alegam que a natureza fundamental do antagonismo social significa que não se consiga conceber a possibilidade de "qualquer tipo de consenso racional". "Para nós", dizem eles, "um espaço público, não exclusivo, de argumentação é uma impossibilidade conceitual" (1985: xvii). É paradoxal, argumentam eles, usar-se o ideal de consenso para regular processos democráticos, porque a democracia está fundamentada em desacordo: o dissenso é necessário ao funcionamento da democracia, dizem eles, e qualquer tentativa de afastá-lo (mesmo em teoria) é um golpe no coração do próprio projeto democrático. Nos termos de Laclau e Mouffe: "nós mantemos que sem conflito e divisão uma política democrática pluralista seria impossível" (1985: xvii).

---

* N. de T.: *Agonism* e *agonistics* são termos que Chantal Mouffe usa para descrever a forma de democracia que considera viável, a saber, a que obsta ao antagonismo que vê os adversários como inimigos) e, ao contrário, promove a expressão *agonística* dos conflitos, interagindo produtivamente com os adversários, respeitando as regras do jogo democrático, Ressalta, nesse contexto, a importância dos meios de comunicação social na criação do espaço público agonístico, no qual se possam veicular todas as concepções, por mais diferentes que sejam. Confira-se a propósito Nico CARPENTIER e Bart CAMMAERTS, "Bringing hegemony, agonism and the political into journalism and media studies: An interview with Chantal Mouffe," *Journalism Studies* 7(6):964-75, disponível em http://eprints.les.ac.uk/3020/1/Hegemony, democracy, agonism and journalism (LSERO). pdf. Acesso em 22/09/2010.

Esse cuidado com o desejo deliberativo de consenso, como se pode ver, baseia-se numa concepção bem diferente de comunidade democrática. Como Jacques Ranciere (1995, 1999) tem afirmado, o paradoxo da democracia é que cada democracia precisa pretender incluir cada um, mas, na verdade, precisa excluir algumas pessoas que deveria representar. A presunção por trás dessas alegações é que "o povo" da frase de Lincoln, "do povo, pelo povo, para o povo", simplesmente não existe como entidade pré-política; não é nem massa de indivíduos com interesses que se podem gerenciar, nem comunidade de valores comuns. "O povo" é antes produto de processos políticos, mas jamais inclui todos. Constituem "o povo" os que habitam certo território, aqueles que comungam de uma visão, os que nasceram e estão vivendo em determinado país, e assim por diante? Dados esses problemas, argumenta-se que o ideal da comunidade democrática é tão ilusório como aquele do consenso democrático.

Na verdade, como Laclau, Mouffe e Ranciere concordariam todos, termos como "democracia liberal" não designam formas específicas de organização política – ao contrário, são termos hegemônicos que certos Estados assumem para garantir a própria legitimidade junto à população que está sendo governada. É esse conjunto de pretensões que levou Adrian Little (2008) a argumentar que o ideal de "democracia" se tornou um artigo de fé, por parecer incapaz de justificativa racional. Mais preocupante, prossegue ele, é que os defensores da democracia se tem tornado "cada vez mais piedosos," ao rejeitarem tentativas de complicar a ideia de democracia, apontando suas vinculações com a violência e as contradições das instituições democráticas. Enfeixando esses temas, declara Little: "A recusa a decompor e avaliar o conceito de democracia certamente acentua seu poder hegemônico, mas, como Ranciere alega, também o enfraquece, porque o que se traveste de piedade democrática é na verdade uma forma de ódio da democracia" (2008: 165).

Como, porém, salta aos olhos, apesar de toda a veemência da crítica, o propósito continua sendo a defesa da democracia. Sendo assim, qual é a alternativa oferecida pelos democratas radicais? Como observamos no caso da democracia deliberativa, essas questões não são fáceis de responder: a crítica tende a ser mais fácil quando não precisa ser construtiva. Ainda assim, há alguns filósofos políticos que se engalfinharam com a complicada questão de procurar articular o que a democracia precisaria para tornar-se digna do termo "radical". Pretendo mencionar brevemente a obra de William Conolly.

Para Connolly (1991, 1995), a tarefa principal da política democrática radical é manter em boas condições a diversidade e o pluralismo nas democracias. Em razão de que o mundo político é constituído de profundas e irredutíveis pluralidades de concepção, o propósito não é reconciliar essas diferenças mediante discussão, mas criar estruturas por meio das quais possam ser reconhecidas e respeitadas sem subjugação. Isso requer, para Connolly, um "*ethos* de pluralização": um enfoque da vida que procura ativamente criar "identidades novas, positivas" no âmbito da própria esfera política. Para Connolly a democracia não é um projeto a ser completado, mas um processo coerente que facilita a criação de novas identidades sociais, reconhecendo que essas identidades jamais serão capazes de formar uma identidade coesiva singular que as instituições democráticas pudessem representar. Em vez disso, as instituições da democracia deveriam empenhar-se em "absorver" relacionamentos antagônicos, promovendo "respeito ao adversário". Esse respeito, de acordo com Connolly, envolve mais do que tolerância liberal: exige que apreciemos diferentes posições políticas e reconheçamos que cada posição, inclusive a nossa própria, é contingente e contestável. Renunciando a uma base firme para as nossas convicções políticas, chegaremos a respeitar as diferenças um do outro, sem procurar reconciliá-las por intermédio de discussão.

Dito isso, e apesar de a concepção de Connolly proporcionar um alerta oportuno contra o perigo potencial do consenso, ele ainda assim não consegue livrar-se da contraposição de que suas teorizações são caracterizadas por "déficit institucional" (Howarth, 2008) – ponto onde o problema da ordem política se reapresenta. Platão argumentava que a democracia provocava dissolução e decadência e que esses males sociais, uma vez estabelecidos, só poderiam ser curados pelo remédio doloroso da tirania. Os democratas radicais procuram celebrar e manter a diversidade das opiniões políticas e modos de vida que a democracia requer. Entretanto, se não conseguimos detalhar os arranjos institucionais que fariam isso acontecer, podemos estar seguros de que a pluralização do pluralismo não haveria de tornar necessário um retorno à tirania em nome da ordem social e política? Esse problema parece particularmente grave se considerarmos as exigências das sociedades multiculturais, compostas de culturas radicalmente diferentes que procuram legitimidade no Estado democrático.

6
Cultura e crítica

Muitos dos debates e discussões do capítulo anterior giram em torno da pergunta: Quem somos? Reconhecidamente, colocar a questão nesses termos soa tanto simplista como profundo demais, mas mesmo assim é certo afirmar que a resposta que se dá a essa pergunta com certeza determinará a posição que se adota na conversação da filosofia política. No caudal normativo da filosofia política, conforme discutido no Capítulo 4, a resposta a essa pergunta tende a dividir-se em duas. Há os que afirmam que somos fundamentalmente indivíduos dotados de razão e capazes de fazer escolhas autônomas em nosso favor; esses são os *individualistas*. Há outros que afirmam que somos produto da nossa criação no sentido de que a herança cultural tem um papel central na constituição do nosso senso de nós mesmos: esses são os *comunitarianos*. Podemos perceber a tensão que há entre esses dois enfoques ao explorar a relação do indivíduo com sua cultura mediante dois dos mais proeminentes debates da filosofia política contemporânea. Em primeiro lugar, há o debate em torno dos fenômenos do multiculturalismo, especialmente nas democracias liberais modernas. Em segundo lugar, há um debate intimamente relacionado que tem seu foco na incorporação ou não da nossa identidade em tradições culturais, especialmente num mundo onde a globalização está tomando conta. Veremos que é primordial para ambos a necessidade de aprofundar a ideia de crítica, e nós retornaremos à hermenêutica e teoria crítica no final do Capítulo para verificar se esses arcabouços filosóficos ajudam a esclarecer os problemas que temos encontrado.

CENÁRIO DOS DEBATES SOBRE A CULTURA

É importante caracterizar o cenário desses debates. A filosofia política anglo-americana das últimas três décadas tem refletido, de forma cada vez mais acentuada, um dos maiores desafios que as democracias liberais enfrentam: o de como responder ao crescente número de grupos culturais minoritários que estão buscando reconhecimento e direitos nos Estados liberais. A cultura tem substituído a classe social como o principal identificador e divisor das pessoas, e os autores de teorias se viram obrigados a revisar os princípios normativos para responder a isso (o gênero, como sempre, permanece marginal – mais sobre isso, adiante e no Capítulo 7). Em vários aspectos, os grupos culturais que têm obtido voz são aqueles que são o produto de complexos processos de imigração e assimilação (ou não assimilação), mas também é verdadeiro afirmar que essa explosão de interesse na cultura tem levado "povos indígenas" a expressarem suas preocupações com maior confiança e clareza ainda. Na verdade, a questão de os grupos culturais deverem ou não receber *status* especial (e, em caso afirmativo, que espécie de *status*) no âmbito das constituições e instituições políticas dos seus respectivos Estados continua a atormentar os filósofos políticos da atualidade. De modo especial, as preocupações gerais relativas à cultura se têm concentrado na questão de deverem ou não as culturas minoritárias, ou ameaçadas pela cultura dominante em dado território, receber direitos especiais para proteger os aspectos centrais dessa cultura – tais como os direitos que procuram proteger sua língua nativa. Como veremos adiante, uma das questões fundamentais que move esse debate é se "nós, indivíduos" somos definidos ou não, de algum modo importante e inamovível, pela bagagem cultural que trazemos conosco.

Para os individualistas, a reação correta ao debate sobre a cultura é muito direta. Os individualistas estão comprometidos com a ideia de que cada pessoa (com algumas exceções comuns relativas à idade, à nacionalidade e similares) é definida como tal em virtude de ser capaz de escolher a que dar valor na vida e que alvos buscar, e definir-se mediante a escolha de certas maneiras em vez de outras. O que se acentua nessa concepção da pessoa é a escolha, em lugar da identidade, e a identidade é tida fundamentalmente como questão da nossa própria escolha. Por extensão, os individualistas tipicamente supõem que bens comuns, valores tidos em comum pela comunidade, têm valor apenas *extrínseco*; com o que pretendem dizer que tais benefícios são valiosos somente se instrumentais para os próprios fins do indivíduo na vida. Essas profundas pretensões basilares sobre quem somos levam os individualistas a argumentar que não há razão para defender a ideia de que as culturas sejam entidades sociais dignas de direitos: para o individualista, não faz sentido dizer que uma cultura inteira deveria receber direitos, porque "uma cultura" é formação social secundária apenas, no sentido de não ser mais do que os interesses contingencialmente compartilhados pelos indivíduos que a constituem. Afora isso, qualquer tentativa de defender a ideia de que as culturas deveriam ser dotadas de certos direitos é perigosa, do ponto de vista individualista; o perigo é que possam os "direitos culturais" entrar em conflito com os direitos dos indivíduos. No caso de tal conflito, se for admitido que os direitos culturais prevaleçam sobre os direitos individuais básicos, então o desejo de proteger culturas resultará em opressão dos indivíduos (discutiremos melhor sobre isso pouco mais adiante).

Os individualistas tipicamente evocam que a oposição aos direitos culturais se origina nos pressupostos fortemente igualitários do liberalismo. Acima de tudo, essa oposição resulta da pretensão de que todos os indivíduos devam ser tratados com igual respeito, *independentemente* de sexo, raça, etnia e origem cultural. A maior parte dos individualistas, portanto, consideram que estejam expressando a intuição básica do liberalismo: que a constituição e os principais órgãos do Estado (o que Rawls chamaria "a estrutura básica" – ver Capítulo 4) deveriam refletir essa presunção igualitária sendo "cegos às diferenças". Podemos lembrar as ideias rawlsianas da "posição original" e do "véu de ignorância" como artifícios que expressam vivamente esse impulso igualitário e "cego às diferenças" no âmbito do liberalismo. Essa alternativa, como sustentariam muitos individualistas liberais, consiste em defender uma política "separada, mas igual", que constituía o fundamento do *apartheid* e de muitos outros sistemas que violam os direitos dos indivíduos.

Os críticos comunitaristas do individualismo sustentam que a ênfase individualista na escolha em detrimento da identidade é inconsistente (ver o argumento de Taylor contra o atomismo no Capítulo 4); afora isso, que temos boas razões para perceber a nossa herança cultural como *intrínseca* à nossa identidade, por se constituir em fonte dos nossos valores, crenças e alvos na vida. Mais ainda, alegam eles, os individualistas não detêm monopólio sobre o liberalismo. Longe disso: é das concepções comunitaristas de quem nós somos que brota uma versão mais consistente e sensível do liberalismo. Apontam como exemplo o fato de que se exagera o risco de uma política "separada, mas igual", que poderia resultar de se atribuírem direitos às culturas. De forma particular, acentuam eles, a distinção fundamental entre a imposição de segregação (por exemplo, a segregação afro-americana em partes dos Estados Unidos até a década de 1960) e a escolha que alguns grupos fazem no sentido de preservar seu caráter distinto da corrente cultural predominante (por exemplo, a celebração de tradições e costumes pelos povos aborígenes da Austrália). No primeiro caso, os grupos foram *excluídos* à força do sistema de governo e da estrutura da sociedade; no segundo caso, os grupos estão resistindo à *inclusão* forçada ou assimilação. Não é assim, argumentam os comunitaristas, que liberais verdadeiros deveriam ser capazes de conceber direitos para grupos culturais que viabilizariam a manutenção do seu caráter distintivo em face de imposição cultural dominante, geralmente de origem anglo-americana? Para os comunitaristas liberais, o liberalismo deveria estar preocupado não só com o respeito que se deve a cada cidadão como indivíduo, mas também com as culturas que estão sendo oprimidas e, em alguns casos, estão sob ameaça real de extinção.

O BEM PRIMÁRIO DA FILIAÇÃO A UMA CULTURA

A navegação dos mares agitados em torno do arquipélago cultural das normas liberais tem produzido muitos exemplos de filosofia política inovadora e desafiadora. O mais conhecido talvez seja o de Will Kymlicka (1989, 1995). Kymlicka sustenta que a filiação a uma cultura precisa ser valorizada por ser boa para os indivíduos, e que os outros liberais (de perspectiva mais ferrenhamente individualista) erraram por não reconhecer-lhe o significado. De modo especial, argumenta ele que alguns indivíduos, membros de culturas minoritárias, estão em desvantagem no que diz respeito ao bem da filiação cultural, e que essa desvantagem justifica a provisão de direitos especiais para essas culturas. Kymlicka não é, porém, um filósofo político comunitarista. Conseguimos perceber como ele anda por entre as pedras, visualizando sua exposição da ideia da filiação cultural como bem primário.

Em *Uma Teoria de Justiça*, Rawls desenvolveu a ideia de "bens primários". Define-os a todos como meios necessários para se buscar um plano racional de vida, tais como liberdades básicas e oportunidades iguais, e também riqueza, poder e respeito de si próprio. Enquanto na hipotética posição original os indivíduos não conhecem sua concepção do que é bom, Rawls supõe que haveriam de preferir mais, e não menos, bens primários (1972:93). Kymlicka argumenta que Rawls omite um importante bem primário: o bem da filiação a uma cultura. A filiação cultural é um bem primário, porque ter uma cultura habilita os indivíduos a estabelecer significados em suas vidas. Em outras palavras, a posse cultural deveria integrar o pacote dos bens primários que nos tornam capazes de conceber como bem viver as nossas vidas, seja lá o que for que valorizemos na vida, e que por isso precisa ser defendida juntamente com as liberdades e os direitos básicos expressos nos princípios de justiça de Rawls. Os indivíduos, em suma, necessitam de uma determinada cultura para terem uma oportunidade razoável de escolher opções de uma vida plena de significado. Isso poderia nos levar a pensar que Kymlicka é um comunitarista, mas, como já dissemos, ele não julga necessário adotar uma postura plenamente comunitarista acerca da relação entre cultura e identidade para defender a assertiva de que ser membro de uma cultura seja um bem primário que habilita os indivíduos a decidir o que fazer das suas vidas.

Kymlicka toma o cuidado de caracterizar como "contexto de escolhas" a ideia de cultura que ele defende:

> Se postularmos a filiação cultural como bem primário a integrar o esquema de justiça de Rawls, será importante lembrar que se trata de um bem na sua capacidade de nos prover de opções significativas e de apoiar nossa habilidade de julgarmos por nós mesmos os valores dos nossos projetos de vida. (1989: 166)

Ele rejeita noções de cultura, grupo ou comunidade que tendem a dotar essas formas coletivas de associação de algum "caráter" ou "essência." De acordo com Kymlicka, alguns comunitaristas, ao reagirem contra o acentuado individualismo, tendem a antropomorfisar a própria ideia de cultura. Em versão exacerbada, isso é conceber "uma cultura" como um agente que esteja atuando no mundo social; mas mesmo que as comunidades culturais sejam muitas vezes consideradas mais importantes do que os indivíduos que as integram, há uma tendência, argumenta Kymlicka, a dotar as comunidades culturais com qualidades que realmente só se podem atribuir a pessoas. Mesmo aqueles comunitaristas que evitam tais postulações problemáticas, muitas vezes acentuam demasiadamente o papel intrínseco da cultura em firmar a nossa identidade, como se a importância da cultura estivesse em absorvermos seu caráter ou essência à medida que amadurecemos. Kymlicka se afasta dessas concepções de comunidade porque ele teme que elas pareçam culminar na assertiva de que qualquer mudança substancial (ou seja, uma mudança significativa no caráter) de uma comunidade equivaleria a uma perda de cultura para os membros dessa comunidade. Não é esse o caso, segundo Kymlicka. Essa alegação, sustenta ele, deixa de considerar que as culturas, muitas vezes, mudam, e que o fazem precisamente como resultado das escolhas feitas por aqueles que pertencem à comunidade cultural. Uma comunidade pode mudar seu caráter (substancialmente, na verdade) sem destruir sua estrutura atual como "contexto de escolhas" significativo dos indivíduos que a constituem. Como exemplo ele cita a "Revolução Silenciosa" que ocorreu no Canadá francês na década de 1960, em que se viram canadenses franceses tomando "decisões muito diferentes das que haviam tomado tradicionalmente" (167). Poderia aduzir-se também a liberalização de atitudes em relação à sexualidade em certos países católicos, tais como a República da Irlanda, enquanto a "cultura irlandesa" continua sendo ainda assim uma fonte decisiva à qual os irlandeses recorrem para determinar os próprios alvos e objetivos na vida, estejam eles "em casa" ou sejam integrantes da diáspora irlandesa pelo mundo afora.

Kymlicka, portanto, diverge da concepção comunitarista do sujeito, porque ela exagera a noção do nosso vínculo com a herança cultural. Para sublinhar esse contraste, vale a pena considerar a posição de Kymlicka *vis-à-vis* à postulação de Sandel relativa a "vínculos constitutivos" (ver Capítulo 4). Para Kymlicka, esses vínculos profundos evidentemente constituem parte da nossa sensação de uma vida plena de sentido e, portanto, o vínculo, na forma de filiação, é um bem primário; mas dizer que são "constitutivos" da nossa identidade constitui exagero. Sustenta ele que possamos alterar radicalmente (ou seja, completamente, embora talvez dolorosamente) a nossa sensação de quem sejamos, de onde viemos, do que seja significativo para nós, e assim por diante, mas persiste ainda assim fundamentalmente a mesma pessoa. Sendo assim, conclui ele, nossas vinculações culturais, por mais importantes que sejam, não são constitutivas da nossa identidade, no sentido forte da expressão. Portanto, ainda que Kymlicka atribua alto valor à filiação cultural, sua obra permanece enraizada na tradição individualista da teoria política normativa. Em parte, foi essa tentativa inovadora de conferir alta prioridade à cultura, ainda que permanecendo individualista, que projetou suas ideias no cenário do debate contemporâneo da filosofia política normativa.

No entanto, os elementos da argumentação de Kymlicka discutidos até aqui apenas estabelecem que seja importante para os indivíduos *um* "contexto de escolhas," no sentido de que seja necessário um pano de fundo cultural para prover a rica fonte de valores e crenças à qual as pessoas precisam recorrer ao definir seus alvos na vida. O problema que isso levanta é que, na análise de Kymlicka, não é preciso que seja a *nossa* cultura de origem aquela que *nos* proporciona o contexto significativo de escolha. Poderia alegar-se, portanto, que o recuo de Kymlicka em relação a fortes pressupostos comunitaristas significa que sua posição não impede que uma cultura dominante efetivamente varra as outras, adotando a postura de um monopólio cultural. Nessas circunstâncias, os indivíduos ainda teriam um contexto que provesse sentido às suas escolhas; mas o contexto seria o da cultura dominante. Percebendo a dificuldade que isso cria, Kymlicka rejeita a ideia de que, conquanto haja um contexto de escolhas, não importa qual seja. Sustenta ele que generalizar dessa forma seria legitimar a política de assimilação que resultaria, *de facto*, na erradicação gradual das culturas minoritárias que sua obra se propôs a defender. Sua pretensão se firma na postulação de que não é simplesmente a cultura em geral que nos proporciona um contexto para decisões significativas, mas é a *nossa* que o faz – especialmente se essa cultura estiver ameaçada. "As pessoas estão ligadas de modo importante", declara ele, "à própria comunidade cultural. Não podemos simplesmente transplantar pessoas de uma cultura a outra, mesmo que providenciemos oportunidade para se apreender a outra língua e cultura" (1989: 175). Mas em que sentido consegue Kymlicka defender essa posição sem reconhecer que a nossa cultura proporciona vínculos "constitutivos" que nos tornam as pessoas que somos? Nesse caso, a ideia comunitarista do caráter ou essência cultural parece plausível.

Claro está que o argumento de Kymlicka de que a filiação cultural seja um bem primário não levanta questões significas em sociedades homogêneas. Nas sociedades pluralistas, porém, apresenta algumas consequências de grande repercussão. Nas sociedades pluralistas, os integrantes de certas culturas podem estar em séria desvantagem e podem ter razão para exigir direitos especiais para retificar essa injustiça. Algumas culturas minoritárias podem até mesmo estar confrontadas com extinção a menos que obtenham direitos especiais para protegê-las. Direitos especiais, porém, só podem ser concedidos, argumenta Kymlicka, em relação a certas circunstâncias que colocam em desvantagem uma cultura minoritária; especificamente, circunstâncias pelas quais não podem eles ser tidos por responsáveis. Toda desvantagem que seja o resultado de escolhas feitas pelos membros de uma cultura é uma desvantagem pela qual os membros da cultura podem ser legitimamente responsabilizados e pela qual não necessitam receber nenhuma isenção especial na forma de direitos. Tendo defendido a filiação cultural como bem primário, Kymlicka (1995) precisa agora manifestar-se sobre os aspectos práticos de se atribuírem direitos a indivíduos enquanto membros de certas comunidades culturais.

Uma distinção fundamental, para Kymlicka, é a diferença entre países bi ou multinacionais e países poliétnicos. Aqueles são os países em que mais de um grupo participou da criação da própria nação: isso inclui os países que têm uma população aborígene que não teve o privilégio de participar da formação da nação, tais como os Estados Unidos, o Canadá, a Austrália e a Nova Zelândia. As outras são sociedades que incluem diferentes contingentes étnicos em virtude da livre movimentação dos povos. Essa distinção é invocada para discernir diferentes grupos culturais: por exemplo, comparar as pretensões dos nativos americanos e as pretensões dos "judeus de Nova York" não nos ajuda a peneirar a complexidade cultural das democracias modernas, de acordo com Kymlicka. É importante, argumenta ele, que não sejam atribuídos a todos os grupos culturais os mesmos direitos para proteger a respectiva cultura como contexto de escolhas. Para os povos aborígenes, os direitos ao autogoverno são fundamentais. Com respeito a sociedades poliétnicas, pleiteia ele um conjunto mais limitado de direitos – mais específicos em abrangência e resultantes de aspectos específicos das práticas sociais culturais dominantes que colocam em desvantagem o grupo minoritário, apesar de sua livre movimentação no território. Por exemplo, o direito a documentos públicos em francês no Quebec, ou o direito à mídia em gaélico subsidiada com dinheiro público na Escócia, são maneiras de garantir que essas culturas minoritárias não sejam obrigadas a abandonar a própria língua (o que viria a impor sérias restrições à sua cultura) a fim de participar da vida pública.

Isso pode parecer uma maneira sensata de encarar a proteção das culturas minoritárias, mas mesmo assim suscita algumas questões fundamentais que atingem o cerne das versões individualista e comunitarista do liberalismo. Por exemplo, deveria uma cultura predominantemente liberal proporcionar fundos públicos para subsidiar a língua de uma cultura minoritária que oprime seus próprios membros? Kymlicka reconhece essa dificuldade, mas ele tenta qualificar tais problemas alegando que as comunidades culturais somente são dignas de proteção pela razão de a própria cultura constituir um contexto significativo de escolhas para *todos* os membros da comunidade. Além disso, ele argumenta que os direitos especiais para culturas minoritárias precisam ser concedidos somente como "proteções externas" contra culturas hegemônicas dominantes; não devem ser consideradas "restrições internas" aos membros de uma comunidade cultural – ou, visto que restringem os membros, tais restrições precisam ser consistentes com os princípios liberais gerais concernentes aos direitos humanos individuais. Entretanto, se considerarmos os direitos das mulheres no contexto do debate sobre o multiculturalismo, veremos que nem todos os autores de teorias acreditam que o enfoque de Kymlicka seja tão liberal ou convincente como ele pensa que seja.

CULTURAS MINORITÁRIAS E OS DIREITOS DAS MULHERES

Enquanto os debates acerca do multiculturalismo ocupavam o centro das atenções na filosofia política normativa ao longo das duas últimas décadas, evidenciava-se que os participantes do debate prestavam pouca atenção nas mulheres que constituíam metade dos membros das culturas minoritárias em Estados democráticos liberais. A sensação de que as mulheres estavam sendo ignoradas nesses debates foi lançada a público pelo artigo de Susan Moller Okin (1999), maravilhosamente intitulado: "É o multiculturalismo prejudicial às mulheres?". Nele, Okin argumenta que o desejo de acomodar as pretensões de diferentes culturas no mesmo território político pela concessão de certos direitos de grupo a culturas minoritárias pode resultar em erosão e restrições aos direitos individuais dos membros do grupo cultural. Em especial, os direitos das mulheres poderiam ser seriamente afetados, porque quase todos, senão todos os grupos culturais, são fundamentalmente patriarcais na estrutura e ideologia. Defender a existência de uma comunidade cultural é muitas vezes defender a existência do abuso sexual, físico e verbal de mulheres que é encorajado pelas práticas culturais de muitas comunidades. O impulso liberal democrático para conceder respeito igual a diferentes culturas pode ser louvável em termos abstratos, mas, na realidade, está envolvido em ocorrências profundamente problemáticas nas instituições legais e políticas das democracias liberais. Ela cita como exemplo as "defesas culturais" construídas por advogados que procuram legitimar o estupro, a violência e a opressão das mulheres. Além disso, a tentativa de Kymlicka de afastar essas ameaças é considerada inadequada em razão de que "a discriminação contra as mulheres e o controle da sua liberdade são praticados, em maior ou menor extensão, por praticamente todas as culturas, passadas e presentes" (1999: 21). Prossegue ela:

> Apesar, então, de Kymlicka objetar com razão à concessão de direitos grupais a culturas minoritárias que praticam abertamente a discriminação sexual, seus argumentos em favor do multiculturalismo deixam de registrar o que ele próprio reconhece em outro lugar: que a subordinação de mulheres muitas vezes é informal e privada, e que hoje praticamente nenhuma cultura no mundo, seja minoria ou maioria, seria aprovada no seu teste de "nenhuma discriminação sexual," se aplicado na esfera privada. (1999:22)

Ainda assim, Okin conclui cautelosamente:

> A não ser que as mulheres – e, mais especificamente, mulheres jovens (visto que mulheres idosas são muitas vezes cooptadas a reforçar a desigualdade de gênero) – estejam plenamente representadas nas negociações relativas a direitos grupais, seus interesses poderão ser mais prejudicados que promovidos pela concessão de tais direitos (199: 24).

A partir dessa perspectiva, o desejo de reconhecer a cultura como preciosa para os indivíduos poderia parecer prejudicial aos próprios direitos humanos, especialmente os das mulheres, que foram tão duramente conquistados nos séculos precedentes. Isso, porém, suscita uma questão correlata: Quão universais são os direitos humanos a que Okin está apelando? A próxima seção confronta essa questão pelas lentes do feminismo e se ocupa dos debates relativos à identidade que têm dominado a segunda onda do movimento feminista das décadas de 1960 e 1970.

MULHERES, CULTURA E IDENTIDADE

Há características essenciais em ser mulher que unem as mulheres, transcendendo culturas, classes, sexualidades e raças, que poderiam formar a base sustentável das análises feministas? Definem-se as mulheres tanto ou mais ainda pela raça, sexualidade, cultura e classe quando são definidas pelo fato de serem mulheres? O que acontece às políticas feministas (na teoria e na prática) se nada há de essencial que seja compartilhado por mulheres de diferentes classes, culturas, raças e sexualidades? Ainda que seja lugar-comum caracterizar as feministas como preocupadas com debates acerca de serem ou não mulheres e homens fundamentalmente a mesma coisa ou distintos (os debates da identidade/diferença), muito do interessante trabalho feminista das últimas décadas emergiu da questão acerca de serem ou não as mulheres a mesma coisa ou irredutivelmente diferentes *uma da outra* – comumente denominado debate essencialismo/antiessencialismo. O surgimento desse debate no feminismo é uma história complicada, mas parece que três fatores coincidentes são particularmente importantes para explicar por que tantas feministas começaram a perceber a ideia de "mulher" como inerentemente problemática.

O primeiro fator é a implosão da segunda onda feminista. A história do feminismo geralmente é vista como uma série de "ondas". A primeira onda feminista tinha como foco principal o voto das mulheres e se expressou nos escritos de Mary Wollstonecraft, Harriet Taylor, Virgina Woolf e outras. As feministas da primeira onda postulavam que as mulheres precisavam receber acesso igual à esfera pública, especialmente pela extensão às mulheres do direito de votar. Depois de as mulheres terem conquistado o voto em vários países ocidentais, surgiu um movimento no sentido de superar o feminismo amplamente liberal da primeira onda. As feministas começaram a enfocar o fato de que simplesmente dispor do direito de votar não trazia igualdade às mulheres. Por conseguinte, as feministas começaram a investigar as diversas áreas de opressão das mulheres: o lar, o local de trabalho, o leito conjugal, a cultura e, não por último, a própria mente. O feminismo tinha ingressado numa nova era, tinha produzido uma segunda onda, ao voltar-se para a análise das numerosas maneiras pelas quais as mulheres vinham sendo oprimidas nas diversas esferas de suas próprias vidas, e analisou-se a grave situação de distintas mulheres que pareciam estar sendo oprimidas de maneira diferente, dependendo do contexto particular de suas vidas. O resultado foi uma série de debates sobre qual seria a modalidade de opressão que "mais importa" – isto é, qual seria o fator mais fundamental a preservar a desigualdade das mulheres na sociedade. Por exemplo, no local de trabalho, são as mulheres oprimidas, antes e acima de tudo, como *mulheres* ou como mulheres *trabalhadoras*? Na verdade, a tensão entre feministas marxistas (tais como Firestone e Rowbotham) e o resto do movimento das mulheres foi um primeiro indicador fundamental de que as feministas teriam de lutar para conseguir unir-se em torno de uma ideia clara do que é ser mulher. Apesar de concordarem que as mulheres eram oprimidas e que a opressão no local de trabalho era o centro da subordinação geral das mulheres, havia debates intensos sobre se haveria ou não de perecer o patriarcalismo, se o capitalismo fosse superado. Debates similares se travaram em torno da sexualidade e da raça. Os debates relativos à sexualidade, que concentraram a atenção pública, focaram as questões do lesbianismo: É só pelo lesbianismo que as mulheres poderão libertar-se da opressão sexual dos homens? Coadunam-se mais com a sexualidade da mulher as práticas sexuais lésbicas e elas habilitam as mulheres a experienciar a própria sexualidade como libertadora, em vez de sujeita aos desejos patriarcais dominantes? A faísca que incendiou os debates sobre a raça e o gênero foi a crescente percepção de que o feminismo constituía muitas vezes um empreendimento de mulheres brancas de mentalidade liberal que se encarregavam de falar pelas mulheres em todo o mundo. À medida que feministas não brancas acharam voz, tornou-se claro que falar pelos outros era uma característica das estruturas patriarcais da sociedade contra a qual as feministas objetavam – mas essa característica estava sendo replicada no próprio feminismo. Oportunamente se tornou difícil perceber o que unia uma mulher heterossexual negra, da classe trabalhadora em Atlanta, e uma advogada lésbica de classe média estudando em Cambridge, ou uma mulher campesina islamita do Sudão. Foi assim que a segunda onda feminista começou a implodir, quando uma análise mais detida revelou diferenças significativas entre mulheres individuais.

O segundo fator que conduziu ao debate essencialismo/antiessencialismo no feminismo foi a aparição no cenário intelectual de críticas filosóficas generalizadas à essência. O feminismo, assim como todas as perspectivas críticas, nunca existiu no vácuo: tem sempre respondido aos últimos avanços teóricos e contribuído para eles. É discutível, mas uma das empreitadas mais profundas dos últimos 40 anos tem sido a crítica pertinaz da ideia de essência. Podemos, de forma paradigmática, localizar a crítica geral da essência em três frentes (embora, realmente, o cenário seja muito mais complicado do que isso): desconstrução, pós-estruturalismo e pós-modernismo. Primeiro, o final da década de 1960 viu a publicação de três livros por Jacques Derrida (traduções inglesas apareceram em 1973, 1974 e 1978) que introduziram no mundo intelectual a ideia de desconstrução. "Desconstrução" foi um termo cunhado por Derrida para expressar a modalidade de prática crítica destinada a expor as inevitáveis falhas e lacunas que tanto estruturam como desestruturam qualquer texto; daí que des-cons-trução é tanto desestruturar o texto para descobrir como está conjuntado e cons-truir uma interpretação do texto que evidencia como a estrutura que o suporta jamais é impermeável, em seus próprios termos; ou seja, que não possui essência. Só para afastar uma objeção óbvia, importa mencionar que o texto a ser desconstruído não é simplesmente um texto ou discurso escrito, mas qualquer "prática discursiva": a conduta patriarcal, por exemplo, é um texto social que pode ser desconstruído. Em segundo lugar, a desconstrução é muitas vezes considerada parte de um movimento intelectual mais amplo chamado pós-estruturalismo; mas, em vista da influência das ideias de Derrida sobre o feminismo, vale a pena distingui-lo. O pós-estruturalismo, como o nome sugere, é uma posição teórica que surgiu após a revolução estruturalista na linguística, sociologia e psicanálise. É, em suma, uma tentativa de radicalizar a crítica estruturalista do humanismo mediante a argumentação de que as estruturas subjacentes que nos determinam o senso de nós mesmos – sistemas culturais, aparatos econômicos, teorias psicológicas e as ciências sociais – são fluidas e mutáveis, e não fixas e atemporais. Esse senso de fluidez como distanciamento das essências subjacentes é característico também da terceira principal crítica da essência, o pós-modernismo. Na famosa formulação de Lyotard, o pós-modernismo é a de-legitimação das grandiosas narrativas do modernismo (progresso histórico, o triunfo da razão, a marcha da civilização para frente) e, em lugar dessas narrativas, a valorização do exagero lúdico, contingência e diferença. As feministas viram nesses assaltos filosóficos à ideia de essência vias de formular críticas à ideia de "mulher". Afora isso, muitas feministas viram na desconstrução, no pós-estruturalismo e no pós-modernismo uma série de rupturas com as tradições intelectuais (patriarcais) que poderiam ser aproveitadas para proporcionar conceitos e categorias alternativas ao feminismo. Sugeriam elas que seria possível a formulação de uma nova linguagem de feminismo: uma linguagem que fosse capaz de expressar as diferenças entre as mulheres, a ausência de características essenciais compartilhadas, mas que pudesse mesmo assim reter um espírito de crítica.

As transformações econômicas e sociais que se tornaram conhecidas como *globalização* estavam intimamente associadas com esses movimentos intelectuais. Até a década de 1970, a maior parte da atividade e teorização feminista tinha ocorrido nas instituições educacionais e nas ruas do mundo ocidental. Mesmo quando as feministas da segunda onda verificaram que o feminismo precisava superar os domínios das mulheres liberais de classe média, ainda assim tendia a concentrar-se nas experiências de mulheres ocidentais. Só recentemente o feminismo começou realmente a confrontar-se com as experiências de mulheres de todas as partes do mundo. Isso traz à luz as diferenças – especialmente diferenças de raça, religião e cultura – e tem levado algumas feministas a questionar se há ou não um modelo de opressão feminina que possa ser aplicado além das fronteiras culturais. Por exemplo, estarão as feministas no subcontinente indiano combatendo (fundamentalmente) as mesmas formas de opressão que as feministas estão combatendo no Brasil?

Essa questão é típica do debate no seio do feminismo, ao procurarem as feministas responder à pergunta: Quem somos nós? Um exemplo excelente das questões que estão em jogo nesse debate é a polêmica que ocorreu entre Okin (1994) e outra autora feminista, Jane Flax (1995). Em breves palavras, é duplo o argumento de Okin. Por um lado, ela questiona as feministas antiessencialistas por apresentarem teorias da diferença em modelos que não desconsideram as empíricas das desigualdades compartilhadas e que são inerentemente problemáticas em si mesmas, por não conseguirem evitar que o feminismo descambe para o relativismo. Por outro lado, ela propõe que uma teoria da justiça, se for informada por percepções feministas como convém, pode ser desenvolvida a ponto de expressar os problemas comuns enfrentados por todas as mulheres, independentemente de cultura (ou, para dizer a mesma coisa de outra maneira, uma teoria da justiça pode ser universal, porém permanecer sensível às diferenças culturais entre as mulheres). É interessante que a teoria da justiça que ela promove, em sua versão modificada feminista, é a da obra de Rawls, *Uma Teoria de Justiça* (ver Capítulo 4). Como já foi observado, Rawls inventou a ideia do "véu da ignorância" como artifício para construir os princípios que vão conduzir à sociedade equitativa, por incorporar as características de um ponto de vista moral neutro. Os contratantes, não sabendo quem são, são obrigados a pensar com se fossem qualquer um. Embora Rawls tenha sido obrigado a revisar sua teoria para incluir gênero como um elemento que seria colocado por trás do "véu da ignorância", uma vez que se tenha isso em conta, o caso, para Okin, está decidido. Afinal, "que homem endossaria brutal mutilação genital sem saber: Genitais de quem (1994: 20)"?. De modo semelhante, que mulher haveria de sancionar tal prática, não sabendo que pano de fundo cultural terão quando o "véu" for levantado? O artifício de Rawls, portanto, proporciona um teste que permite discernir as opressões universais das sensibilidades culturais. Okin reconhece que as diferenças sejam importantes, mas argumenta que não são essenciais, e ela pugna por uma teoria universal da justiça para fundamentar a teoria política feminista. Referindo-se às diversas opressões que as mulheres sofrem pelo mundo, ela declara: "a questão não é tão diferente, mas 'similar e mais ainda'" (1994: 8). A ênfase de Okin à opressão representa, em parte, seu esforço de manter-se afastada ao menos um passo dos tropeços filosóficos do debate essencialismo/antiessencialismo. Ainda assim, sua resposta à pergunta, "Quem somos nós (mulheres)?" é inequívoca: "nós somos aquelas pessoas que são oprimidas *como mulheres*".

Em resposta, Flax argumenta que a construção de Okin de uma modalidade compartilhada da opressão das mulheres é ocultar, colonizar e distorcer as experiências das mulheres em diferentes contextos. Ela sustenta que Okin se equivoca ao conceber raça e classe como elementos que possam ser suspensos das discussões acerca da desigualdade de gênero, quando na verdade as mulheres são constituídas tanto pela classe social e origem racial como o são pelo gênero. Flax afirma que "o gênero é sempre racial, e a raça é sempre vinculada a gênero" (1995:505), e qualquer análise feminista que negligencia a raça está assumindo implicitamente uma problemática perspectiva "branca". A saída, postula ela, é "uma ética da diferença", por ser essa a única maneira sensível ao contexto de aplicar a ideia de justiça. Nos termos de Flax: "um modelo homogêneo de domínio/opressão não consegue dar conta da constituição complicada e contraditória do gênero" (1995: 501). Os argumentos de Flax resumem muito bem a posição antiessencialista no âmbito do feminismo, e assim proporcionam uma (espécie de) resposta definitiva à interrogação norteadora deste capítulo: "Quem somos nós (mulheres)?" perguntam as feministas; "nós (mulheres) somos todas diferentes", responde Flax.

Uma das questões que separa Okin e Flax mais acerbamente é o papel de "crítico distanciado" que Okin avoca como necessário em situações nas quais as mulheres chegaram a internalizar a opressão contra si. Para Okin, está claro que ser uma feminista branca, de classe média não representa um problema quando se trata de lutar contra práticas culturais que violam os direitos humanos básicos, tais como a mutilação de órgãos sexuais femininos. Mesmo que se encontre "distanciado" da prática cultural que se esteja criticando, sustenta Okin, ainda assim se pode asseverar, com toda razão, que essa é uma forma de abuso e opressão, devendo-se, portanto, como feminista, procurar intervir, por exemplo, protestando. Flax considera isso profundamente problemático. Para ela, a única posição justificável do crítico é *interna*. O crítico precisa entender completamente as questões e só o pode fazer estando por dentro do contexto cultural que esclarece a prática em si. Para Flax, é somente aí que a questão real vai emergir, em vez de permanecerem as questões potencialmente escondidas atrás de um letreiro proclamando a opressão universal do sexismo. Por baixo da questão de quem nós (mulheres) somos, está a questão de quem é o crítico (legítimo) que realmente as divide. As próximas duas seções apresentam algumas tentativas de superar essa dicotomia entre ser um crítico internamente e ser um crítico do lado de fora.

A FUSÃO DOS HORIZONTES

Tendo trazido à tona algumas das postulações feministas que animam os debates em torno da cultura e da crítica, vale a pena retornar ao tablado da teoria liberal democrática para ver se conseguimos traçar uma pintura alternativa de como a identidade cultural pode e, mesmo, precisa ser sujeita à crítica, e, ainda assim, pode e deve ser a fonte da qual as intervenções críticas derivam sua força. Como temos visto, um dos grandes desafios das democracias liberais multiculturais é reconhecer e respeitar diferentes identidades culturais em um só Estado constitucional. É como Amy Guttman pergunta: Pode haver "uma política de reconhecimento que respeite a multidão de identidades multiculturais e não prescreva muito apertadamente qualquer vida" (1994: xi)? A ideia de uma política de reconhecimento foi desenvolvida por Charles Taylor em resposta às dificuldades associadas com as preocupações tradicionais liberais a respeito da relação entre cultura e identidade.

Para Taylor, muitos dos problemas que cercam as políticas culturais derivam da maneira como fazemos "julgamentos de valor". Os que ele denomina liberais "cegos às diferenças" tendem a presumir que o único ponto de vista seja aquele culturalmente neutro. Os multiculturalistas, por sua vez, presumem que a única maneira legítima de aquilatar o valor de uma cultura é de dentro para fora. Taylor sustenta que ambas as posições presumem que haja um "último horizonte" a partir do qual se possam fazer julgamentos de valor sobre as diferentes culturas. Ao contrário, argumenta ele, não há nenhum horizonte último e o melhor que se pode obter é a negociação complexa do "nosso" horizonte com o da "outra" cultura que estamos tentando julgar. Dessa maneira, os juízos de valor que sustentam as políticas globais e multiculturais não são facilmente formuláveis; eles dependem, necessariamente, de uma fusão de horizontes. Assim o expressa Taylor:

> A "fusão de horizontes" opera mediante o desenvolvimento de novos vocabulários de comparação, por meio dos quais possamos articular esses contrastes, de forma que se e quando conseguirmos finalmente encontrar firme evidência da nossa presunção inicial, será à base de uma compreensão do que constitui valor, compreensão que, de forma alguma, poderíamos ter tido ao começar. Chegamos ao juízo modificando, ao menos em parte, os nossos padrões. (1994: 67)

Se olharmos não só a nossa própria como outras culturas com a disposição de fundir as percepções de ambas, conseguiremos encontrar, de acordo com Taylor, uma nova base para a crítica, não só de outras culturas, mas também *da nossa própria*. O segredo para alcançar essa fusão de horizontes é presumir, antes de mais nada, que cada cultura seja de igual valor. Em vez de prejulgar a questão do valor, presumindo uma perspectiva interna ou externa de crítica cultural, postula Taylor, deveríamos sempre começar presumindo que cada cultura, pelo menos cada cultura que tenha vencido a prova do tempo, precisa ser entendida como detentora dos elementos que expressam necessidades humanas fundamentais e que poderia, portanto, enriquecer a nossa própria. Confrontando a questão de quais características do mundo poderiam garantir a base desse respeito igual, Taylor declara:

> ... no nível humano, poder-se-ia argumentar que é razoável supor que as culturas que têm proporcionado o horizonte de sentido para grande número de seres humanos, de caracteres e temperamentos distintos, ao longo de um largo período de tempo – que tenham, em outras palavras, articulado sua apreciação do bom, do santo, do admirável – com toda certeza terão alguma coisa que mereça nossa admiração e respeito, mesmo que seja acompanhada de muita coisa que precisamos reprovar e rejeitar. Talvez se possa dizer de outra maneira: seria extrema arrogância descartar *a priori* essa possibilidade. (1994: 72-3)

Reconhecer isso e cooperar com outros à base da fusão dos nossos horizontes culturais com os deles, de acordo com Taylor, é promover um diálogo verdadeiramente liberal com os outros, o qual corresponde às exigências da política contemporânea da identidade. Dito isso, parece acertado perguntar se a esperança de Taylor da fusão dos horizontes culturais é apenas isso, uma esperança, em vez de ser uma elaborada solução política de um problema central das democracias liberais. Pode ser que a descrição mais detalhada de Habermas do que exatamente está em jogo no diálogo possa sugerir um enfoque alternativo, ou complementar, que mesmo assim estabeleça com maior firmeza a esperança de Taylor.

INTERSUBJETIVIDADE E A POLÍTICA DO RECONHECIMENTO

Habermas (1994) é favorável à postulação de Taylor de que o liberalismo cego em relação às diferenças na verdade legitima o *não* reconhecer a identidade cultural das pessoas, e que essa falta de reconhecimento pode constituir, em certas circunstâncias, uma forma de dano ao indivíduo. Ele contudo se afasta de Taylor, ao sugerir que tenhamos de repensar a natureza das pretensões liberais, de que se torna necessária uma política de reconhecimento substancialmente diferente da forma de liberalismo baseada em direitos. Para Habermas, os recursos existem dentro dos limites, das versões – baseados em direitos tradicionais – do liberalismo cego às diferenças. Assim, tais recursos servem, de fato, para reconhecer identidades culturais e para fazer isso de formas que deem maior suporte as demandas do povo do que a fusão de horizontes. Ainda assim, para que esses recursos sejam escavados do interior do liberalismo, os liberais precisam submeter-se a uma espécie de mudança de paradigma, reconstruindo a ideia de identidade pessoal à base dos nossos relacionamentos, de uns com os outros, e não à base de ideias de autonomia individual: à base de um modelo de autonomia intersubjetivo,e não subjetivo de autonomia. Conforme Habermas afirma:

> Uma teoria dos direitos corretamente entendida requer uma política de reconhecimento que proteja a integridade do indivíduo nos contextos de vida em que a sua identidade é formada. Isso não requer um modelo alternativo que corrija o desenho individualista do sistema de direitos por meio de outras perspectivas normativas. Tudo o que se requer é a atualização consistente do sistema de direitos. (1994: 113)

Como já foi observado (Capítulo 5), Habermas diagnosticou o subjetivismo como uma das principais causas das enfermidades que tem debilitado o projeto do Iluminismo. Em linha com essa afirmação geral, Habermas argumenta que os dilemas contemporâneos que cercam as políticas de reconhecimento cultural em Estados liberais contemporâneos também são sintomáticos do fracasso em perceber a base intersubjetiva real da nossa identidade. Assim que a base dialógica da nossa identidade for entendida corretamente, seremos capazes de formular a "articulação consistente de um sistema de direitos" que se faz necessária para garantir tanto os direitos individuais como a identidade cultural: "quando entendida apropriadamente, a teoria dos direitos de modo algum é cega para diferenças culturais" (1994: 112). A ideia central que Habermas elabora é que:

> As pessoas a quem a lei se refere só conseguirão alcançar autonomia... quando conseguirem compreender-se como autores, eles próprios, das leis a que estão sujeitos como pessoas jurídicas privadas... Pois, em última análise, pessoas jurídicas privadas nem mesmo podem alcançar o gozo de liberdades individuais iguais, a não ser que elas próprias, exercendo conjuntamente sua autonomia como cidadãos, atinjam um claro entendimento de quais interesses e critérios se justificam e a que respeito coisas iguais serão tratadas com igualdade e coisas desiguais, tratadas com desigualdade, em qualquer caso particular. (1994: 112-13)

Superficialmente, isso não destoa do apelo de Taylor por uma fusão de horizontes. O nó da questão, porém, é o fato de Habermas alegar que o reconhecimento que Taylor considera como tão central para a vida democrática, já está contido no ideal liberal de autonomia, entendida essa autonomia como produto de uma autoria coletiva – o que significa que cada indivíduo não se torna autônomo (ou seja, autor do seu próprio destino) senão pelo fato de ser capaz de exercer essa autonomia no contexto de participação do processo de feitura da lei. Democracias deliberativas (Capítulo 5), se constituídas adequadamente, desde logo contêm os mecanismos necessários para que isso aconteça, enquanto garantem os direitos aos indivíduos como tais. Não há necessidade, por isso, de Taylor argumentar que precisamos pressupor o valor igual de cada formação cultural, pois o que está em jogo é o valor de cada indivíduo como cidadão democrático participante da construção de leis que governam seu comportamento. Muito embora esses indivíduos tragam consigo uma bagagem cultural, seria pouco prudente, sustenta Habermas, presumir que seja a bagagem o que é digno de respeito, quando na verdade é digno de respeito o próprio cidadão. Levando isso à conclusão óbvia, enquanto o argumento de Taylor presume que as formações culturais deveriam ser preservadas por conterem elementos que todos nós consideramos dignos, Habermas sustenta que as culturas não deveriam ser preservadas artificialmente, se os membros dessas culturas não as preservam eles próprios engajando-se na deliberação democrática. Habermas considera errado conceberem-se as formas culturais como necessitadas de "uma espécie de preservação da espécie mediante meios administrativos" (1944: 130). Com efeito, acabamos de retornar a uma posição que está próxima da ideia de Kymlicka de que as culturas são importantes apenas se proporcionam aos indivíduos as estruturas que habilitam a autonomia a florescer. Assim, a figura basilar nos debates da identidade cultural precisa permanecer o indivíduo, tanto para Habermas como para Kymlicka. A diferença entre eles está em que Kymlicka postula que uma definição rawlsiana dos bens primários poderia cumprir a tarefa de assegurar a medida certa de direitos aos integrantes das culturas, ao passo que Habermas sustenta que essa tarefa precisa ser executada por uma democracia deliberativa em pleno funcionamento, visto que é por deliberação racionalmente motivada que se forma a identidade. No próximo e último capítulo, as suposições normativas que promovem esses debates serão desafiadas e, no processo, resultará necessário ensaiar uma definição de filosofia política que afaste algumas das suposições comuns acerca dessa área de conhecimento.

7
Conclusão: identidade, diferença e filosofia política

Nos parágrafos iniciais da *Política*, Aristóteles sustenta que a *polis* surge naturalmente, ao se desenvolverem e expandirem os vínculos humanos: da cumplicidade "essencial" entre macho e fêmea à economia doméstica formada por homens que governam mulheres e escravos, e daí à comunidade que resulta de filhos e netos estabelecerem as próprias famílias e, por fim, "a associação suprema, resultante de várias comunidades, é a *polis*" (1989: 59). Por ser a "associação suprema", a forma de associação não superável, a *polis* constitui a culminância da natureza humana, pois, "qualquer que seja o produto final do 'vir a existir' de qualquer objeto, isso é o que nós chamamos a sua natureza" (1981: 59). A famosa citação de Aristóteles resulta diretamente do raciocínio: "o homem é por natureza um animal político" (1989: 59). Na verdade, na linguagem dos nossos dias, entenderíamos isso no sentido de que "o homem é por natureza um animal ético, social e político", visto que a noção de *polis* de Aristóteles é muito mais ampla do que as conotações que hoje em dia associamos com política ou com "o Estado" (como, anacronisticamente, muitas vezes se traduz *polis*). Isso também explica o desenvolvimento da sua argumentação, ao distinguir a vida coletiva dos humanos daquela das abelhas, tendo em vista que os seres humanos "têm apenas eles percepção do bem e do mal, do justo e do injusto, etc. É o compartilhar de uma visão comum desses itens que faz o lar e a *polis*" (1981: 60). Em outras palavras, a culminância da natureza do "homem" se encontra na compreensão de uma política que todos os *homens* estimam justa, e não na associação instrumental baseada em interesse próprio.

A natureza humana, a política e a justiça estão firmemente reunidas numa série de postulações fundamentais que têm determinado profundamente a filosofia política durante milênios. Rememorando a tradição do contrato social, apesar de todas as diferenças entre Hobbes e Aristóteles (afinal, ele foi um pensador explicitamente antiaristotélico), ainda encontramos em Hobbes um conjunto de postulações fundamentais acerca da natureza humana que determinam a natureza da atividade política e asseguram uma caracterização da justiça no âmbito da mesma, como qualquer coisa que o soberano declare justo. Em variante contemporânea sobre o mesmo tema, a filosofia política de Rawls segue um padrão similar: um conjunto de suposições mínimas sobre a natureza humana que resultam numa visão particular da natureza dos grupamentos políticos, que então determinam sua teoria de justiça. Além disso, embora haja abundância de alternativas às suposições de Rawls sobre a identidade que desafiam seus pressupostos individualistas (ao ponto de, na obra de Habermas, por exemplo, proporcionar um quadro de referências alternativo para conceituar a autonomia humana), o enfoque, a estrutura da argumentação e os alvos permanecem fundamentalmente os mesmos que Aristóteles articulou há dois mil anos. A formulação dos postulados, sem dúvida, tem sido retrabalhada extensivamente a ponto de se apresentar plena de nuances e tecnicamente precisa, mas as questões subjacentes, os termos básicos de referência e as suposições fundamentais sobre a identidade humana permanecem. É essa corrente subterrânea de similitude que, em boa parte, define a natureza da filosofia política, pelo menos como tem sido concebido na corrente normativa anglo-americana. Embora filósofos políticos tenham a tendência de criar grandes divisões esquemáticas entre diferentes escolas de pensamento, essas constituem, o mais das vezes, divergências diretas entre filósofos que atuam no mesmo território conceitual básico. Será isso porque a filosofia política precisa ser feita de certa maneira: precisa começar com uma postulação sobre a natureza humana, extrair daí uma postulação sobre a natureza da política e finalmente concluir com uma teoria da justiça (ou da liberdade, igualdade, democracia)? Ou poderá a filosofia política ser "feita de modo diferente"; com o que se pergunta, pode ela iniciar com suposições que priorizam a diferença, em vez da natureza e identidade?

É bom começar pelas feministas da diferença, em razão, quando mais não seja, das postulações extremamente dúbias de Aristóteles acerca das mulheres – postulações que ecoam pela história da filosofia política afora até o presente. No último capítulo foi apresentada a autora Flax como feminista que se sente pouco à vontade com os postulados fundamentais acerca da "mulher", os quais tendem a ocultar um preconceito favorável às mulheres brancas, ocidentais, de classe média, heterossexuais. Neste capítulo, vamos explorar um pouco da linhagem filosófica que informa sua obra, pela discussão de três figuras conhecidas como líderes do "feminismo francês": Luce Irigaray, Julia Kristeva e Hélène Cixous. Explorando as maneiras como essas escritoras têm questionado a identidade (particularmente a identidade das mulheres), teremos condições de explorar como concebem a tarefa de uma prática filosófica orientada criticamente que priorize a diferença. Isso nos proporcionará a compreensão de como podemos pensar a respeito da filosofia política fora da corrente normativa predominante, e expor os problemas apresentados, tentando nos movimentar fora dessa corrente predominante.

CRÍTICAS FEMINISTAS FRANCESAS DA IDENTIDADE

Reconhecendo a natureza problemática dessa estratégia, faz sentido considerar Irigaray, Kristeva e Cixous como indicadoras de um enfoque geral na filosofia (política) feminista geralmente conhecida como "feminismo francês". A principal razão por que essas três têm sido, e continuam sendo, mencionadas em conjunto como figuras paradigmáticas do feminismo francês, é que todas elas tiveram (diferentes) relações com o grupo "Psicanálise e Política" (muitas vezes referido como *Psyche et Po* e posteriormente denominado "Política e Psicanálise"). Esse grupo viabilizou, pelo seu braço editorial *des femmes*, a publicação e tradução das obras das autoras em inglês. Por conseguinte, no imaginário das feministas anglo-americanas, essas três passaram a simbolizar o projeto que foi apelidado de "feminismo francês" (pelas feministas liberais, em parte como termo depreciativo). É certo que cada uma das três desenvolveu um corpo de obra que é extremamente complexo (ainda que não necessariamente obscuro), multidimensional e desafiador em termos filosóficos e políticos. Ainda assim, e mesmo com o risco de simplificar em demasia, conseguiremos estabelecer a principal contribuição de cada uma delas em termos que evidenciam significativa coincidência nas preocupações de suas análises teóricas, se relacionarmos suas obras ao que se pode identificar como "as raízes" do feminismo francês. Três figuras são especialmente importantes nesse particular: Simone de Beauvoir, Jacques Lacan e Jacques Derrida.

A obra *O Segundo Sexo* de [Simone] de Beauvoir é de importância central para o desenvolvimento do feminismo porque evidenciou que as mulheres estavam sendo não apenas oprimidas política e materialmente pelos homens, mas também categorizadas e definidas de maneiras que significavam que a própria ideia de ser "uma mulher" poderia ser entendida somente em relação às definições desde sempre masculinas do que é ser um sujeito humano. Em suma, de acordo com de Beauvoir, por ter sido a ideia de "homem" usada para definir o que é ser humano, as mulheres desde logo são (psicológica, intelectual e existencialmente) menos que humanas, de tal forma que o senso de si da mulher sempre contém esse sentimento de deficiência. Esse senso de ser "a outra", portanto, impede as mulheres de desenvolverem a capacidade de autorrealização. Isso também dificulta a percepção das mulheres de como poderiam "transcender" as situações que a sociedade masculina lhes criou: dona de casa, mãe, amante, e assim por diante. A mulher, conforme de Beauvoir, é rotineiramente privada de acesso a si mesma, à sua subjetividade "imanente". As mulheres, postulava ela, poderiam dar-se conta do próprio senso de si mesmas empenhando-se por transcender o serem outra: isto é, mediante o empenho persistente de conferir sentido às próprias vidas, em vez de se inserirem nas categorias predefinidas que os homens têm estabelecido para as mulheres ao longo de séculos de opressão cada vez mais sutil. Por meio dessa atividade radical de reivindicarem para si as próprias identidades, as mulheres poderiam tornar-se o que quisessem ser, em vez de simplesmente realizar o que os homens quiserem que elas sejam. A geração de feministas francesas que sucederam a de Beauvoir adotou, em termos gerais, essa visão da liberação das mulheres pelo ato de reivindicar para si a própria identidade, mas com algumas alterações significativas. Por uma parte, as feministas posteriores tendiam a celebrar, em vez de lamentar, o fato de as mulheres serem outras, por postularem que a celebração situava "o feminino" como perspectiva crítica *privilegiada* em relação às normas masculinas da natureza e subjetividade humana. As sucessoras eram também mais céticas que de Beauvoir com respeito à possibilidade de transcender o fato de serem as outras, por temerem que o desejo de autorrealização pudesse resultar em retorno ao ideal masculino. Em vez disso, as feministas posteriores (especialmente na tradição francesa) tendiam a argumentar que ser "a outra" dava às mulheres a oportunidade de explorar radicalmente novas maneiras de estar no mundo.

A segunda grande influência sobre Irigaray, Kristeva e Cixous foi do autor de teoria psicanalítica, Jacques Lacan (1977). Lacan é conhecido principalmente por sua interpretação estruturalista da psicanálise freudiana. O estruturalismo é uma crítica ao humanismo que concebe a identidade humana como definida e estruturada pela linguagem, sinais, papéis e rituais que suportam as relações sociais. Lacan se referia a essa estrutura social subjacente como a "ordem simbólica", e postulava que, para ser uma pessoa em atividade em qualquer sociedade, precisamos "entrar" na ordem simbólica dessa sociedade: se não o conseguimos, por qualquer razão que seja, resulta uma variedade de desordens psicológicas. Em vez de ver o drama de Édipo como sina de indivíduos, Lacan o interpretou como parte da constituição básica da própria sociedade. O problema para as mulheres, portanto, é que essa ordem simbólica é constituída por sinais masculinos ("humano" significa o mesmo que do "homem"), e isso significa que as mulheres não dispõem de um sistema adequado de sinais e símbolos, a sua própria linguagem, por exemplo – para se expressarem como mulheres (o que pode esclarecer por que as tentativas de se expressarem *como mulheres* são muitas vezes tidas por uma espécie de histeria). As feministas francesas tanto incorporaram como transformaram de diversas maneiras as concepções de Lacan. Em geral, porém, um dos elementos que une as feministas francesas é o desejo de explorar caminhos pelos quais as mulheres possam encontrar maneiras de se expressar numa ordem social que faz toda a linguagem e o pensamento girar em torno de conceitos e categorias fálicos. Considerando que a filosofia política como área de conhecimento e prática social é, por essa razão, parte da ordem simbólica fálica, postularam que a filosofia política precisaria ser transformada, no que tange aos seus conceitos e suposições argumentativos básicos, se quiser criar condições para se expressar a experiência das mulheres de viver em um mundo masculino e dar consistência à sua esperança de transformar esse mundo.

    Uma terceira influência decisiva sobre o feminismo francês é Jacques Derrida (ver Capítulo 6). Um dos problemas do pensamento de Lacan e do estruturalismo em geral é que oferece pouca orientação sobre como as estruturas que nos fazem o que somos poderiam ser diferentes (há pouca reflexão, por exemplo, com vistas a esclarecer a natureza cambiante da ordem simbólica). Derrida, pode-se dizer, apresenta uma explicação de como cada ordem linguística é desde logo incompleta em si e sujeita, em razão dessa incompletude, à ruptura e à mudança. Assim sendo, a ordem simbólica pode ser desconstruída (ver Capítulo 6). As feministas francesas perceberam no método desconstrutivo um caminho para expressar a situação das mulheres sem comprometer o projeto feminista com a ideia problemática, masculina, de "transcendência", que animava a visão utópica de Beauvoir. Em outras palavras, elas perceberam como poderiam desafiar a linguagem e o pensamento masculinos a partir de uma posição imanente ou interna à própria ordem simbólica. Voltando a atenção a cada uma das principais figuras do feminismo francês, veremos como desenvolveram esses temas gerais, cada uma em sua feição particular.

Irigaray possivelmente seja mais conhecida por postular que existe um cerne masculino que perpassa a história da filosofia. Esse cerne masculino se manifesta na maneira como a tradição filosófica constantemente retorna à identidade e mesmice, negando assim qualquer explicação consistente do que é ser diferente e excluindo "a mulher" da sua própria construção. Na obra *Espelho da Outra Mulher* (1985a), por exemplo, ela usa uma imagem clínica para transmitir essa realidade: é como se os filósofos tivessem tentado entender "a mulher," inserindo na ideia de mulher um espelho, que nada faz senão refletir o próprio olhar masculino. Para ela, porém, o desafio da "filosofia no feminino" é rejeitar a própria ideia de mesmice como masculina e explorar os rincões da diferença. Argumenta ela, de forma particular, que a diferença precisa ser entendida como aquilo que é totalmente diferente, em vez de como diferença essencialmente reapropriada na ideia abrangente do mesmo: muitas vezes se diz em termos cristãos que homens e mulheres são diferentes, mas que uns como outros são expressões da vontade de Deus, ou seja, expressões de um último garantidor de identidade entre dois sexos superficialmente diferentes. Ao desenvolver uma filosofia do feminino, Irigaray sustenta que as mulheres precisam explorar os próprios corpos para encontrar a linguagem da diferença. Em contraste com a construção fálica da mesmice (em última análise, postula Irigaray, o falo representa a "verdade única", linear e hierárquica, à qual os pensadores masculinos aspiram), ela propõe uma concepção "labial" da diferença. Irigaray afirma que "os dois lábios" da vagina são, na verdade, "nem um só nem dois" e que isso "mantém a mulher em contato consigo mesma, mas sem qualquer possibilidade de distinguir o que está tocando do que é tocado" (1985b: 32). Em outras palavras, a linguagem feminina da diferença não precisa pressupor as distinções masculinas de sujeito e objeto, percipiente e percebido, ou outros pares conceituais dicotômicos. Como Irigaray (1985b) declara: "'Ela' é indefinidamente outra em si mesma" e por isso "ela" é tanto "uma e muitas," "universal e particular", e assim por diante.

Kristeva (1986) desenvolve uma versão similar do potencial das mulheres, mas ela o faz primordialmente por meio do quadro de referência da psicanálise. Ela aceita, em termos gerais, a narrativa freudiana do desenvolvimento da criança conforme apresentado pelo estruturalismo de Lacan, mas seleciona um aspecto da maneira como as crianças desenvolvem a linguagem, o qual, alega ela, tem sido ignorado pelos autores masculinos. Postula, especificamente, a existência de uma fase entre o nascimento e o ingresso na ordem simbólica, que ela denomina semiótica. Em versão literal (talvez até literal demais), pode ela ser concebida como o balbuciar da criança antes de ingressar no mundo da linguagem (uma fase que a minha mãe descreve como o período em que os bebês "contam histórias"). Essa etapa pré-edipiana é marcada pelo uso lúdico de sons, uma espécie de invenção sem sentido, e um prazer na textura das palavras mais do que no seu significado. Essa ludicidade geralmente acaba tolhida quando as crianças entram no mundo da ordem simbólica, no qual os sons precisam estar vinculados a palavras, e as palavras, a coisas, e assim por diante; entretanto, argumenta Kristeva, o aspecto semiótico da linguagem nunca se perde integralmente. Na verdade, ele acaba retido na ordem simbólica, e é essa retenção do balbuciar semiótico que explica a possibilidade de usos criativos, na verdade revolucionários da linguagem – e, portanto, de novas maneiras de pensar acerca do mundo. Interessante e, para alguns comentaristas, problemático é o fato de serem predominantemente homens os escritores que melhor expressam e representam dimensão semiótica da linguagem, segundo ela pensa: Samuel Beckett e James Joyce, por exemplo. O "feminismo" de Kristeva, portanto, procura, entre outras coisas, abraçar as possibilidades críticas inerentes ao emprego criativo da linguagem – muito embora ela se declare avessa à ideia de que somente as mulheres sejam capazes disso. Conforme afirma, "A crença de que 'se é uma mulher'" é quase tão absurda e obscurantista como a crença de que 'se é um homem'"(1981: 137). Ainda assim, para aquelas feministas que veem a necessidade de romper a ordem simbólica para que as mulheres encontrem o senso de si próprias, a obra de Kristeva encerra a esperança de que a linguagem contenha em si as ferramentas para a revolução na ordem simbólica. Nem todas as feministas haveriam de concordar, mas se for o caso de desafiar os modos como as identidades das mulheres têm sido construídas por discursos masculinos, desalojar a própria ideia de identidade simbólica poderia ser a mais revolucionária de todas as atividades.

No que se refere à última das nossas três feministas francesas, Ciroux é mais conhecida pelo desenvolvimento e aplicação de *l'écriture féminine*, uma forma feminina de escrever que desafia a lógica binária dos enfoques tradicionais masculinos da criação literária (*littérature*). À primeira vista, isso soa como se estivesse em oposição direta à pretensão de Kristeva de que o potencial revolucionário da linguagem não esteja especificamente vinculado a gênero. Não é esse o caso, porém, visto que Cixou também alega que o desafio consiste em escrever "no feminino", não necessariamente "como mulher". Ela acredita, na verdade, ser perfeitamente possível aos homens escrever no feminino e ainda recorre a arquimodernistas, tais como Beckett e Joyce, para demonstrar como a linguagem pode tornar-se feminina. Interessante é que foi sua análise das abrangentes oposições binárias que estruturou todos os textos masculinos de natureza filosófica, literária, psicanalítica e cultural, que a levou a conceber um estilo mais plural, expressivo e expansivo, que ela considera feminino. Em famosa crítica literária e filosófica, Cixous pergunta: "Onde está ela?" nas seguintes oposições binárias que são recorrentes nos clássicos literários: "atividade/passividade, sol/lua, cultura/natureza, dia/noite, pai/mãe, cabeça/coração, inteligível/sensível, *logos/pathos*", e finalmente "homem/mulher". Está claro, diz ela, que "o pensamento sempre operou por meio da oposição... mediante oposições duais, hierarquizadas" (1981a: 90). Na linguagem da literatura, que expressa as linguagens da vida, postula Cixous, tornamos a encontrar sempre de novo mulheres que são apresentadas como passivas, mas rebeldes; naturais, mas sensíveis; criaturas obscuras, mas emotivas, que se colocam em oposição e subordinação a homens que são caracterizados pela atividade, inteligência, lógica, e assim por diante. Diante dessas oposições hierárquicas, Cixous postula: "A mulher precisa escrever o que ela é em si mesma" (1981b: 245), abraçando uma forma feminina de escrever. É tentador perguntar: "O que é o escrever feminino?". A pergunta, contudo, é problemática por ser masculina em sua construção, por estar em busca de uma resposta fixa e de uma identidade única, quando pode haver não uma, mas muitas respostas e identidades distintas. O desafio de *l'écriture feminine*, conforme Cixous, é escrever para si em toda a sua pluralidade, afastando o desejo masculino de uma declaração definitiva única de quem nós somos em favor de um desejo mais feminino de expansividade e abertura.

Embora o feminismo francês seja uma etiqueta problemática, por várias razões, há certos traços comuns compartilhados por (ao menos) essas três influentes filósofas contemporâneas. Elas compartilham uma compreensão estruturalista de como a identidade masculina resultou incorporada a todos os níveis da nossa vida, desde a mais íntima até a mais pública, mas elas compartilham também uma compreensão *pós*-estruturalista de como a voz feminina excluída pode encontrar uma posição a partir da qual possa criticar as estruturas masculinas de poder alojadas na ordem simbólica. Afora isso, as feministas francesas compartilham a visão de que a crítica das estruturas masculinas pode habilitar as mulheres a experienciarem a vida de forma diferente, muito embora sejam reticentes e cautelosas quanto à medida que essa crítica possa conduzir à "emancipação" das mulheres. Por último, ainda que todas essas teorizadoras procurem explorar e reavaliar a posição do "feminino" na sociedade, elas procuram desenvolver teorias matizadas da relação entre gênero e sexo. Sendo esse o futuro do feminismo – uma possibilidade que é altamente contestada, inclusive por outras feministas – o que significaria então construir um futuro feminino para a filosofia política? Será possível que a filosofia política venha a abraçar críticas radicais de identidade que pensam além da natureza humana, a política e a justiça? Na verdade, não só é possível, como já está acontecendo. Na próxima seção veremos quão longe a crítica da identidade pode (e precisa?) ser levada, se for o caso de tratar a diferença como simples diferença: ou seja, como termo que não está subordinado a pretensões fundamentais acerca da identidade humana. O foco está na obra desafiante e inovadora de Judith Butler sobre a distinção sexo/gênero.

O PROBLEMA COM O GÊNERO

Está na hora de considerarmos a possibilidade de que sejam mais políticos do que imaginamos os aspectos mais íntimos e "biológicos" das nossas identidades. Está na hora de falar em sexo. Em que medida, se for esse o caso, será questão política a nossa identidade como ser de certo sexo, com determinada sexualidade? Aristóteles, claro, presumiu que todos os humanos se dividem naturalmente em dois sexos, e que a forma primordial de associação humana era entre macho e fêmea, basicamente para fins de reprodução. Visto que as postulações sobre sexo e sexualidade desempenham um papel tão fundamental para Aristóteles, tendo em vista o seu *status* no cânone da filosofia política, temos razões de primeira linha para submeter o sexo e a sexualidade a uma análise política. Assim como os filósofos políticos posteriores têm questionado as suposições que fizeram sobre os escravos, pode ter chegado a hora de se empreender uma análise política dos seus pressupostos norteadores relativos à diferença sexual e à sexualidade.

O livro *Problemas de Gênero: Feminismo e Subversão da Identidade*, de Judith Butler, é uma das principais fontes de um movimento crescente na filosofia política que visa a questionar os pressupostos tradicionais relativos a sexo/gênero e sexualidade. Ela escreveu essa obra para expor as suposições muitas vezes irrefletidas que (em particular) as feministas fazem a respeito da natureza do gênero e de sua relação com o sexo e a sexualidade. Butler questiona duas ideias comumente encontradas no feminismo: (a) a de que o sexo seja natural, dado, fixo, imutável e a-histórico, e o gênero, cultural, contextual, alterável e mutável; e (b) a de que o sexo "suscite" o gênero de diversas maneiras, de forma a tornar mais ou menos "inevitável" que os machos sejam masculinos, e as fêmeas, femininas. Seu propósito consiste em "perturbar" essas suposições e mostrar que há outras maneiras de se pensar acerca da relação entre sexo e gênero. Como parte dessa análise, ela também questiona outra presunção, a saber: que a heterossexualidade seja natural e, portanto, o modo natural de sexualidade, em relação à qual as demais seriam desvios anormais. Ao construir sua análise alternativa de sexo/gênero/sexualidade, Butler se apóia pesadamente nas percepções de Foucault sobre a natureza disciplinar do poder (ver Capítulo 3). Butler aplica conceitos foucauldianos à ideia de "mulher": argumenta, em particular, que o feminismo muitas vezes empregou essa categoria de forma pouco crítica e não considerou suficientemente que, ao invocar a ideia de "mulher" (ao exigir "os direitos da mulher," por exemplo), pode-se estar replicando as práticas discursivas das normas masculinas, que as feministas procuram desafiar e subverter. Conforme Foucault afirmava em relação ao discurso da liberação sexual na década de 1960, reivindicar a representação e liberação das mulheres pode ser perigoso, por implicar "mulheres" no mundo masculino de identidades e estruturas fixas: [150][164]

> Não basta investigar como as mulheres poderiam ser mais plenamente representadas na linguagem e na política. A crítica feminista deveria entender também como a categoria de "mulheres", o sujeito do feminismo, é produzida e restringida pelas próprias estruturas de poder das quais buscam emancipar-se. (1999: 5)

E ainda:

> Se existe o temor de que o feminismo venha a fracassar, por já não ser capaz de presumir o sujeito, seu gênero, seu sexo ou sua materialidade, seria prudente considerar as consequências políticas de manter no lugar as próprias premissas que procuraram assegurar desde o início a nossa subordinação. (1992: 19)

De forma ainda mais significativa, porém, Butler usa a concepção de Foucault relativa à forma como os discursos produzem identidades complexas para questionar a ideia de que sejamos naturalmente seres sexuados. Em vez de simplesmente presumir que o sexo seja um fenômeno biológico imune ao discurso, Butler recorre às ideias de Foucault para sustentar que o nosso entendimento de "sexo" como algo que existe fora dos textos e práticas sociais é uma crença produzida por nossos discursos de sexo/gênero e sexualidade. Em *Disciplinar e Punir*, Foucault argumenta que "o corpo está... diretamente envolvido num campo político; as relações de poder repercutem diretamente sobre ele; elas o investem, treinam, torturam, forçam a executar tarefas, a praticar cerimônias, a emitir sinais..."(1977: 25). Em *Problemas de Gênero*, Butler argumenta de modo similar que o corpo sexuado não é algo que esteja excluído das relações de poder disciplinadoras; ao contrário, o corpo sexuado está diretamente implicado em toda uma série de práticas reguladoras. Mesmo que o corpo biológico seja imaginado como existente no próprio limite do que se poderia chamar o político, de acordo com Butler, está incluído nos discursos políticos – em virtude de estar no limite. Afirma ela:

> o gênero não está para a cultura assim como o sexo está para a natureza; o gênero é também o meio discursivo/cultural mediante o qual a "natureza sexuada" ou "um sexo natural" é produzido e estabelecido como "pré-discursivo", prévio à cultura, uma superfície politicamente neutra sobre a qual a cultura atua... [Essa é] a construção de "sexo" como o radicalmente não construído. (1999: 11)

Aí se postula que as categorias aparentemente "biológicas" e, portanto, não políticas de diferença sexual (macho e fêmea) são, na verdade, constituídas, construídas e produzidas da mesma forma como o são as categorias de diferença de gênero – masculino e feminino. Se, porém, tanto sexo como gênero são construídos, não faz sentido falar de o sexo "fazer surgir" o gênero: por exemplo, não há nada natural, de acordo com Butler, em serem as mulheres, como seres sexuados, educadoras das crias – um aspecto do gênero determinado pela cultura. Faz mais sentido afirmar que na constituição política do gênero, também é produzido o sexo. Na verdade, as divisões de gênero consubstanciam a ideia da diferença sexual como aquilo que *nós pensamos* seja a base da nossa natureza caracterizada pelo gênero. Nas próprias palavras de Butler:

> Não faria sentido, então, definir o gênero como a interpretação cultural do sexo, se o próprio sexo é uma categoria marcada pelo sexo. O gênero não deveria ser concebido meramente como a inscrição cultural de sentido sobre um sexo pré-dado... o gênero precisa também designar o próprio aparato de produção mediante o qual são estabelecidos os próprios sexos. (1999:11)

Se Butler está certa no que se refere à suposição de que o gênero determine o sexo, e o gênero produza o senso de nós mesmos como seres sexuados, como ocorre isso? De acordo com ela, o gênero é a "estilização repetida do corpo, um conjunto de atos repetidos dentro de um quadro regulador altamente rígido que se cristalizam com o tempo para produzir a aparência de substância, de uma espécie natural de ser" (1999: 43-4). O gênero consiste na execução de um papel, de acordo com Butler, e é na *performance* do respectivo gênero que nós criamos, pelas gerações e tempos afora, camada sobre camada de atividade social que acaba tão sedimentada em nossas vidas, que nós o presumimos fenômeno "natural," a que chamamos sexo. A ideia do *desempenho de um papel* é complexa, mas nós podemos conquistar alguma vantagem, se considerarmos que Butler emprestou o termo de Derrida – que, num dos mais sensacionalmente enrolados e bizarros exemplos de trânsito conceitual na filosofia, colheu-o no filósofo da linguagem J. L. Austin. O exemplo paradigmático de como o desempenho de um papel pode produzir um senso de ou modificar um senso de identidade é a cerimônia do casamento, na qual dizer "sim" transforma alguém de solteiro em casado. Nesse sentido, o "sim" não representa alguma coisa no mundo, mas cria uma mudança no próprio mundo: dois solteiros a menos, e um casal a mais. Para Butler, o gênero é produzido e mantido pela constante e inumerável repetição de palavras e atos que constituem e sustentam a vinculação entre papéis socialmente construídos de gênero e postulações acerca da diferença sexual biológica. É o caso de dizermos, de mil maneiras a cada dia, em palavras e em ações, "Eu sou um homem, masculino e macho" e "Eu sou uma mulher, feminina e fêmea". Para Butler, são esses os subtextos de quase tudo o que fazemos, incluindo a maneira de nos vestirmos, o jeito de caminhar, a maneira de nos relacionarmos uns com os outros, e assim por diante. Importante observar que, por mais que o nosso sexo/gênero seja performativo, Butler sustenta que a natureza do gênero não seja uma *performance* no sentido usual. Concepções tradicionais de *performance* supõem um ator – uma identidade já formada que está colocada fora dos discursos sociais – e uma opção de atuar ou não: uma escolha que precisa também radicar fora do quadro regulador. Para Butler, a reiteração performativa do gênero, que produz o nosso senso de nós mesmos como seres sexuados, não é algo que "nós escolhemos fazer ou não fazer". Na verdade, em mais um débito com Foucault (que, nesse particular, está em dívida com Althusser), ela argumenta que as relações de discurso e poder que estruturam as sociedades modernas *exigem* que nos enquadremos com o masculino ou feminino. A natureza dessa exigência se torna clara sempre que consideramos a sina dos que tentam cumpri-la, por exemplo, travestis, transexuais, lésbicas e homens *gays*. Como Butler tem defendido, escutar o testemunho de pessoas que se veem como existindo fora da norma sexo/gênero, e nós nos damos conta rápida e dolorosamente do cáráter opressor da exigência de nos enquadrarmos "no tipo" de macho/masculino ou de fêmea/feminino na vida política contemporânea. Se procuramos representar e assumir uma identidade de sexo/gênero que transgrida a "normalidade", então, via de regra, a própria subjetividade, o senso de si mesmo está comprometido.

Butler se refere à ordem discursiva subjacente que insiste em determinada repetição de atos caracterizados pelo gênero como *matriz heterossexual:* "sob condições de heterossexualidade normativa, muitas vezes policiar o gênero é a maneira que se usa para garantir a heterossexualidade" (1999: xii). Butler tem em mente o pressuposto, raramente questionado, de que a forma "normal" da relação humana seja entre um homem e uma mulher; e ainda que se admita a manifestação de sexualidades consideradas "desvio", as mesmas precisam ser contidas no sentido de não desafiar aquela norma – o argumento de que "vá lá que sejam *gays*, ficando eles lá entre eles", põe no gueto as pessoas que se presume estejam fora dos limites da sexualidade normal. A dicotomia dos gêneros, portanto, resulta não apenas em "naturalizar" a divisão sexual binária, mas em sustentar o heterossexismo. Por exemplo, o pressuposto inquestionado de Aristóteles de que homens e mulheres tenham que constituir a forma básica de associação humana, com o objetivo fundamental de procriar, amontoa exigências relativas ao sexo/gênero com vistas a "normalizar" ou "naturalizar" a heterossexualidade. Tais concepções fundamentais acerca da natureza humana, é licito afirmar, se tomadas ao pé da letra, estarão excluindo muitos indivíduos do diálogo da filosofia política, mesmo antes de começar. A obra de Butler é paradigmática no sentido de expor a natureza política dessa exclusão.

Butler, no entanto, também se dá conta de que as relações de discurso e poder jamais afastam por completo as possibilidades de mudança.

Sendo assim, como visualiza ela a crítica da tríade gênero/sexo/sexualidade empregada para construir a nossa identidade de forma tão radical? No fim de *O Problema do Gênero* ela discute a política da paródia, em especial o fenômeno da *drag*. Supondo que a nossa identidade de seres sexuados seja estabelecida em termos de *performance*, resulta que modificar intencionalmente os gêneros terá o efeito de desestabilizar a matriz heterossexual:

> Enquanto efeitos de uma *performance* sutil, imposta politicamente, o gênero é, como se fosse, uma "representação" que está exposta a blagues, autoparódia, autocrítica, e essas exibições hiperbólicas do "natural", no seu próprio exagero, revelam sua condição fundamentalmente fantasmagórica. (1999: 187)

Butler tem consciência de haver problemas nessa política da paródia, especialmente pelo fato de se transformar o gênero em *performance* (intencional, por parte de um ator), em vez de aspecto de um regime discursivo engendrado performativamente. Mesmo assim vemos nela um vislumbre aproveitável das opções que podem estar disponíveis a todos nós, se quisermos desafiar o predomínio de um modelo heterossexual, dois-gêneros, dois-sexos, de identidade "normal". Mas que implicações tem isso para a filosofia política? Aristóteles como *drag* pode constituir um tema intrigante a ser explorado! Que tal se tentarmos, com Butler, imaginar como se poderia filosofar sem partir de afirmações fundamentais problemáticas acerca da natureza humana? Fazê-lo é encarar o desafio da diferença na filosofia política.

O DESAFIO DA DIFERENÇA

Uma maneira de confrontar os desafios decorrentes de se priorizar na filosofia política a diferença é olhar mais a fundo a política da obra da Butler, mas dessa vez no contexto do pós-modernismo. Depois das observações iniciais sobre a relação entre feminismo e pós-modernismo, estaremos apreciando o encontro do pós-moderno com o feminismo na obra de Butler com vistas a esclarecer o que está em jogo quando se procura elaborar a diferença na filosofia política. Trata-se, para Butler, de trabalho que está no cerne da filosofia política, porque os filósofos políticos precisam sempre estar dispostos a analisar e desafiar a sutil distribuição de poder em todos os setores da vida: "Onde se encontram as possibilidades de reelaborar a própria matriz de poder pela qual somos constituídos, de reconstituir a herança dessa constituição e de jogar uns contra os outros aqueles processos de regulação que conseguem desestabilizar os regimes existentes de poder"? (1992:13)

Para entender o pós-modernismo, precisamos ter uma noção básica do modernismo. O modernismo (distinto do "moderno" e da "modernidade," ou seja, como um "ismo") é a justificação do conhecimento com base numa grande narrativa do desenvolvimento humano em termos de progresso, racionalização e emancipação. Jean-François Lyotard – visto muitas vezes como figura central na formulação da ideia do pós-modernismo em virtude da sua obra *A Condição Pós-Moderna* de 1984 – define modernismo como "toda ciência que se legitima à base de um metadiscurso... que apela explicitamente a uma grandiosa narrativa, tal como a dialética do espírito, a hermenêutica do sentido, a emancipação do sujeito racional ou do sujeito trabalhador ou a produção de riqueza" (1984: xxiii). O argumento principal de Lyotard é que no ocidente, e cada vez mais no mundo todo, de 1945 para cá, a produção social do conhecimento mudou, e o apelo a metadiscursos já não é fundamental à própria natureza do conhecimento. De acordo com Lyotard, tempos atrás o conhecimento constituía domínio reservado de indivíduos conhecedores que davam forma à sociedade; a realidade da vida contemporânea, no entanto, é que o conhecimento se tornou um produto disponível a todos. O conhecimento foi "transformado" em informação que se pode traduzir em códigos binários e, assim, já não é domínio reservado de indivíduos, mas está difundido por toda a sociedade. Embora constitua fenômeno por demais recente para constar na análise de Lyotard, é o caso de se pensar nos "wikis" da internet como paradigmáticos dessa descentralização da produção e transferência do conhecimento. Em termos mais fundamentais ainda, porém, à medida que o conhecimento se torna cada vez mais um bem de consumo na forma de informação vendável, a concepção tradicional do conhecimento como aquilo que nos dá uma representação adequada do mundo está perdendo terreno. Ao invés disso, o conhecimento é um bem de consumo que demanda governança, independentemente de nos dizer alguma coisa acerca da realidade, de forma que o próprio conhecimento está submetido à remessa do mundo oficial, e não às instituições de ensino: veja-se, por exemplo, o crescimento do interesse político na "economia do conhecimento". À vista dessas mudanças fundamentais na produção social do saber, a condição *pós-moderna* é aquela na qual a ideia de uma teoria abrangente do desenvolvimento humano, uma grandiosa narrativa que possa servir de fundamento a todo conhecimento, foi superada pelos avanços tecnológicos e econômicos que fazem com que o conhecimento agora se apresente como bem de consumo no mercado capitalista, em vez de ser um fim em si mesmo. É interessante que, para Lyotard, isso significa que as ciências naturais assumiram o domínio das formas pós-modernas de conhecimento porque, em decorrência do modelo científico, o conhecimento pode ser dividido em *bits* e *bytes*, que são facilmente transformados em bens de consumo. O que sustenta essa concepção "tamanho *byte*" do conhecimento são os discursos de objetividade e validez que proporcionam justificativa ideológica da ciência, que serve aos interesses do capital público e privado.

Essa análise socioeconômica tem sido discutida de muitas maneiras diferentes, mas no âmbito da filosofia há os que presumem que a antiga esperança modernista de uma grandiosa narrativa, um fundamento último do conhecimento precisa ser posta de lado. Isso significa abandonar ideias que têm fundamentado a filosofia desde o seu nascedouro: progresso, desenvolvimento racional, autonomia crescente dos sujeitos, fim da história, ideal da emancipação, estabilidade do sentido do mundo, crença de que o incremento de conhecimento nos libertará do uso arbitrário do poder, e outras mais. Mas, se as condições atuais determinam o arquivamento dessas aspirações filosóficas fundamentais, o que é que nos resta? Para muitos pós-modernistas que têm aceitado o diagnóstico e respondido com crítica a todos os ideais modernistas e iluministas, o que resta é apenas um mundo de ludicidade, pastiche e fragmentação parodiais, conflitos locais, nunca globais, e a reelaboração do passado sem fé no futuro.

À vista desse relatório do pós-modernismo consegue-se entender por que alguns comentários têm interpretado a obra de Butler como pós-modernista. Tudo indica que ela esteja pleiteando a renúncia a uma grandiosa narrativa que possa fundamentar a política feminista, culminando no que aparenta ser uma celebração pós-moderna da política da paródia na forma de "drag": contestação da "naturalização" do sexo mediante estruturas discursivas. A relação entre feminismo e pós-modernismo, porém, é complexa, e, em vez de simplesmente etiquetar a obra de Butler como expressão do feminismo pós-moderno, convém esboçar um panorama temático do feminismo e pós-modernismo em geral. Como ocorre com outras áreas intelectuais, os "debates pós-modernismo" têm tendido a concentrar-se na questão dos "fundamentos". Na filosofia usa-se a metáfora do "fundamento" para indicar um pressuposto inquestionável ou inquestionado – ou, em termos mais positivos, uma suposição plenamente justificada/verificada – que serve para formar o edifício teórico que sobre ela se constrói.

Antes de mais nada, cumpre notar que a maior parte da filosofia política feminista é totalmente modernista. A maioria das feministas têm visto e veem a si mesmas, em termos quer sejam teóricos, quer sejam práticos, como mulheres engajadas no movimento emancipatório e progressista: um movimento que concebe o empenho por alcançar a igualdade entre os sexos como seu principal objetivo (assim, por exemplo, Okin, MacKinnon e de Beauvoir). Essa concepção muitas vezes supõe a ideia de que se possa definir "mulher" com vistas a elaborar uma narrativa da potencial emancipação das mulheres da opressão patriarcal. A crítica feminista pós-moderna ao feminismo modernista equivale a afirmar que o feminismo nas suas variações modernas tende a apoiar-se em fundamentos que são deficientes na teoria e não submetidos a questionamento, razão pela qual tendem a desembocar em problemas teóricos e práticos. A noção de "mulher," por exemplo, como temos visto, pode repousar em pressupostos fundamentais que excluem determinadas mulheres (lésbicas, mulheres negras, mulheres com deficiência física, mulheres que não querem ter filhos, e assim por diante), e, nesse caso, essa concepção pode ser vista como reforço a aspectos da opressão patriarcal. Além disso, o feminismo pode estar pressupondo uma grandiosa narrativa de progresso rumo a um ideal de emancipação que homogeneíza a experiência das mulheres de forma problemática: nem todas as mulheres querem emancipar-se, ou emancipar-se nos mesmos termos. Dito isso, o feminismo modernista costuma aceitar que, enquanto alguns aspectos da teoria e prática feminista se possam ter baseado em presunções inquestionadas e problemáticas, uma política efetivamente feminista precisa contar com uma versão fundamental, possivelmente "esbelta" da grandiosa narrativa de emancipação das mulheres. Tal fundamento poderia unir as causas feministas e oferecer o possivelmente único contrapeso à natureza opressora do patriarcado. Uma objeção mais aguçada ao feminismo pós-moderno é que de ele seja cúmplice do sistema patriarcal, por privar o movimento das mulheres de seu potencial crítico para realizar a liberdade e igualdade das mulheres. Assim sendo, é esta a questão que em tempos recentes tem preocupado muitos na filosofia política feminista: será que o feminismo precisa contar com um fundamento para se tornar política e criticamente eficaz no desafio que coloca ao patriarcado?

Butler está longe de embasar as demandas do feminismo em problemáticos fundamentos modernistas, pois entende que as mesmas imbricaram o feminismo nas próprias estruturas de opressão que está combatendo. A crítica modernista de sua obra, portanto, está evidente: ao tornar "tudo discursivo", o feminismo perde o apelo a fundamentos que o habilitariam a promover a causa da emancipação das mulheres; ao negar a natureza fundante da diferença sexual, Butler priva as mulheres do único elemento de que todas as mulheres participam, uma biologia comum; ao priorizar "drag", Butler borra as linhas que separam o movimento feminista de outros movimentos políticos; sua política acaba com a possibilidade de se lutar por justiça para as mulheres pelo mundo afora, porque ela rejeita o fundamento universal. O ensaio "Fundamentos Contigentes", porém, é importante na obra de Butler por constituir uma tentativa de situar seu projeto no âmbito desses debates mediante discussão explícita da questão estar ela necessariamente comprometida ou não com alguma forma de antifundacionalismo pós-modernista.

Em resumo, o artigo contém três elementos decisivos. Primeiro, Butler problematiza a relação entre pós-modernismo e feminismo: ou seja, ela toma o que muitos presumem poder resumir-se de maneira pouco problemática e o transforma em novo problema. De forma especial, ela esquematiza a herança explicitamente modernista das feministas francesas que aproveita em sua obra e a linhagem inquestionavelmente modernista a que recorre, ao empregar os referenciais teóricos de Foucault e Lacan. Em segundo lugar, Butler questiona se os pais fundadores do pós-modernismo são realmente pós-modernistas; ela habilmente transforma o exemplo de Lyotard em discussão acerca de como o pós-modernismo seria avesso a casos paradigmáticos. Tendo transformado a própria relação em problema, Butler avança utilizando concepções pós-modernas para questionar os pressupostos fundantes do feminismo. Ela desentranha pressupostos acerca do masculino como "eu", do sujeito como "agente", da categoria de "mulher" como sujeito do feminismo, da materialidade do sexo e do alvo da emancipação. Butler então concentra sua atenção crítica no modo como o pós-modernismo é apresentado pelos críticos. Em terceiro lugar, ela questiona, por conseguinte, a relevância de pensar-se em termos de "antifundacionalismo" e argumenta que, ao contrário, os fundamentos jamais podem ser evitados. Numa guinada importante, porém, ela assevera que os fundamentos precisam ser utilizados em nossos empreendimentos críticos com a consciência da *contingência* que cada fundamento contém em si. Nesse sentido, ela está distanciando sua perspectiva crítica do pós-modernismo "vigoroso", procurando ocupar uma posição intermediária entre o fundacionalismo e o antifundacionalismo. Além do mais, essa é, de acordo com Butler, a única posição que poderia, quem sabe, suscitar o verdadeiro debate que está no cerne da política, uma vez que a política é uma série de debates acerca de qual seja a contingência que mais importa em dado contexto.

O verdadeiro desafio da diferença, portanto, conforme Butler, é evitar os tropeços tanto das pretensões fortemente fundacionais como das pretensões fortemente antifundacionais. Os debates sobre se pós-modernismo e fundacionalismo se entrecruzam com os debates que nos têm preocupado desde o começo deste livro: o poder como elemento restritivo *versus* o poder como elemento constitutivo; justiça universal *versus* política da diferença cultural; justiça *versus* cuidado; identidade *versus* eleição; a natureza da ordem simbólica e a posição das mulheres como "outra" em relação a tal ordem. Todos esses debates exigem que tomemos posição acerca de precisar ou não o feminismo, e a filosofia política em geral, repousar em fundamentos. A resposta de Butler é que as nossas teorias e intervenções críticas sempre repousam em fundamentos, mas esses fundamentos são sempre contingentes à posição crítica que adotamos; ou seja, não há elemento de necessidade nas asserções subjacentes que fazemos acerca da natureza das mulheres, dos humanos, do próprio político ou da justiça. Butler nos convida a perceber que o que torna a política tão interessante é precisamente a ausência da necessidade, porque isso significa que sempre teremos debates políticos a sustentar, e os filósofos políticos jamais atingirão o ponto no qual os diálogos sobre a natureza da política estejam definitivamente resolvidos. Viver com a diferença e a contingência pode muito bem significar que as normas que empregamos para governar nossa interação social serão sempre questão de tomada de decisão política em vez de consenso moral razoável; significa, em resumo, viver com as exigências irresolúveis da política.

DIFERENÇA EM FILOSOFIA POLÍTICA

A visão descrita acima é revigorante para alguns, mas frustrante para os filósofos políticos que procuram estabelecer as bases de um consenso político razoável e moralmente justificável. A perspectiva de sermos obrigados a conviver com embates contínuos sobre verdades contingentes é perturbadora, especialmente para aqueles que desejam fundamentos imperturbáveis, a partir dos quais possam resistir às pretensões de forças políticas antidemocráticas. Em outras palavras, será assim que a crítica da identidade na filosofia política deixa um vazio, onde deveria estar a moralidade? Não há dúvida de que essa é uma questão profundamente controvertida no pensamento contemporâneo; uma questão, ainda, que tem ocupado muito do trabalho de Butler desde *Problema de Gênero*. Em termos gerais e condizentes com sua tendência a problematizar mais do que resolver as questões, ela procurou expor os pressupostos questionáveis que sustentam a exigência de segurança moral (Butler, 2005). Ainda assim, ela desenvolveu, recentemente, uma dimensão ética em sua obra que se alimenta, dentre outras fontes, das análises que Foucault (1988) faz das "tecnologias da subjetividade". Enquanto os julgamentos morais invocam gestos embasadores problemáticos, é possível, sustenta ela, conceber uma relação ética com outros à base do reconhecimento de que a sensação de si, em última análise, é sempre desconhecida para si próprio. Essa autolimitação pode proporcionar, argumenta Butler, a base para o respeito aos outros, que não procura, explicita ou implicitamente, dominar os outros, ao alegar que conhece suas perspectivas. Basta isso para afastar os perigos da tirania, na esteira da sua ênfase nos fundamentos contingentes que fazem brotar a atividade política. Essa é uma questão muito controvertida na conversação da filosofia política contemporânea.

Um enfoque diferente da questão dos fundamentos foi desenvolvido pelo filósofo pós-estruturalista Gilles Deleuze (1994) por meio de suas investigações sobre a natureza da diferença. Michael Hardt (mais sobre ele adiante) resumiu bem Deleuze: "O pós-estruturalismo de fato critica certa noção de fundamento, mas só para afirmar outra mais adequada aos seus fins. Em oposição a um fundamento transcendental, encontramos um fundamento imanente; contra um fundamento teleológico dado, nós encontramos um fundamento material aberto" (1993: xv). Apesar de toda a terminologia filosófica, a pretensão é evidente: em vez de estabelecer o argumento como um confronto entre fundacionalismo e antifundacionalismo – o debate como apresentado sob o guarda-chuva de modernismo *versus* pós-modernismo – é melhor estabelecê-lo como sendo entre tipos distintos de fundamento: um fechado, o outro, aberto. Em vez de ser *contra* pretensões embasadoras, como a de Aristóteles, que tem condicionado a natureza da filosofia política por séculos afora, priorizando a identidade, é preferível contender *a favor* de fundamentos metafísicos que privilegiem nossa experiência de diferença sobre o desejo conceitual de identidade e mesmice. Com respeito à perspectiva de "fazer filosofia política de maneira diferente", a importância desse enfoque pode ser resumida facilmente: em lugar de presumir que sejamos seres com tais e tais capacidades, natureza e essências, os filósofos políticos precisariam presumir nada a respeito de quem sejamos ou do que sejamos capazes. Em vez de trazer a cada questão os mesmos pressupostos embasadores preconcebidos, o desafio consiste em analisar cada situação política em seus próprios termos, empregando pretensões embasadoras que sejam específicas aos termos em questão. Deleuze chama isso uma forma de empirismo, mas um empirismo transcendental, porque a tarefa consiste em identificar as condições que provocam uma nova experiência ou evento (em vez de experiências ou eventos que são geralmente tratados como sendo os mesmos). Em vista dessa ênfase na diferença, o filósofo político não pode trazer na mão conceitos prontos. Na verdade, o respeito à diferença inerente a cada experiência ou evento requer um enfoque genuinamente inventivo da filosofia política. O desafio, em suma, consiste em criar conceitos pertinentes ao próprio evento político: efetivamente extrair do próprio evento o quadro conceitual apropriado. Dessa maneira, o filósofo político não vai procurar entender, por exemplo, a ideia de mulher, pressupondo que uma mulher precisa ser "a mesma coisa que" um homem ou outras mulheres. Quaisquer que sejam as relações construídas, seja no próprio evento, seja na análise, elas são precisamente isto – *construídas*; ou seja, elas não são *necessárias* à identidade dos indivíduos que estão em jogo. Mas será isso realmente uma maneira de se fazer *filosofia* política? Não existe o perigo de que essa opção acabe se diluindo na mera descrição de acontecimentos políticos específicos, sem que haja algum meio de os vincular?

Em vista da vertigem que muitas vezes resulta de se escalar a escada da abstração filosófica, é melhor deixar para outra oportunidade as confusões metafísicas implicadas nessa questão. Basta referir que no livro *Império*, de Hardt e Negri, se acha uma das mais surpreendentes tentativas de esboçar um enfoque pós-estruturalista, inspirado em Deleuze, da filosofia política. A ordem mundial mudou, alegam eles, e as ferramentas conceituais de um período anterior, imperial, dominado por Estados que competiam uns com os outros por toda sorte de recursos, já não são relevantes. Em vez disso, sustentam eles, estamos testemunhando o surgimento de um novo "império," uma forma de ordem política global que procura incorporar em si todas as identidades, diferenciar as pessoas de maneiras que minimizem os conflitos, e gerenciar as pessoas de modo a guardar cuidadosamente as diferenças debaixo de um "guarda-chuva inclusivo". À medida, porém, que o império toma conta, constitui-se o seu "outro lado" – Hardt e Negri o chamam "a multidão". Multidão é a radicalização conceitual do conceito do proletariado de Marx; mas enquanto Marx visualizava o proletariado como a classe universal que estava chegando a conhecer-se como tal na revolução contra o capitalismo, Hardt e Negri argumentam que num império mundial, em que cada um é identificado e inserido sob o guarda-chuva administrativo, permanecem apenas órgãos singulares agindo em comum, em vez de classes econômicas. Esses órgãos singulares são grupos de pessoas com nenhuma identidade comum real ou essencial, mas as pessoas são agregadas ainda assim em virtude de estarem fora da lógica da identidade que sustenta o crescimento do império. São apontados como exemplos de "a multidão" em ação os movimentos, muitas vezes esparsos e transitórios, de oposição ao capitalismo.

Deixando de lado os antigos pressupostos relativos às nações-Estado soberanas, Hardt e Negri desbravaram uma nova maneira de se refletir sobre a ordem política global. É óbvio que se pode discordar deles – veja-se, por exemplo, a coletânea de ensaios de Passavant e Dean (2003) – assim como se pode questionar qualquer outra tentativa de criatividade conceitual. Há, porém, um ponto básico a extrair de sua obra, a saber: criar novos conceitos para enfrentar as exigências de novas situações e acontecimentos constitui atividade fundamental do filósofo político, para que possa atender à demanda de um mundo em processo de mudança. Recordando o início deste capítulo, talvez Aristóteles tivesse pensado de outra maneira acerca de homens, mulheres e escravos, se ele tivesse cogitado de explorar a natureza singular dos indivíduos que ainda assim "agem de comum acordo", em vez de presumir que qualquer identidade individual particular se define puramente em termos de constituir "um tipo geral" de pessoa. Nesse caso, Aristóteles não teria presumido necessariamente que as mulheres e os escravos eram diferentes por serem "não a mesma coisa que" e, portanto, "não tão bons como" os homens livres.

O desafio da diferença na filosofia política é o desafio de permitir que a diferença possa entrar nas casas filosóficas que estejamos construindo. Mais do que isso, porém, é o desafio de construir nossas casas filosóficas sobre fundamentos que permitam erigir sobre elas uma variedade de casas. Em termos mais radicais ainda (ou mais perigosos, dependendo do nosso ponto de vista), é possível que, para fazer filosofia política de modo diferente, nós tenhamos de reconceitualizar a própria ideia de fundamento, tornando o fundamento contingente à casa filosófica que se pretenda construir.

DIFERENÇA E FILOSOFIA POLÍTICA

Toda essa "conversa de fundamento" nos faz lembrar que começamos este livro com uma discussão sobre natureza da política da "ilha deserta" (ver Capítulo 1). Poderia parecer que tendo construído várias casas na nossa ilha deserta, estejamos agora gastando bom tempo olhando para o fundamento e nos perguntando se é seguro o suficiente para suportar o peso que colocamos sobre ele. Na verdade, poderíamos parar por aqui, deixando os nossos habitantes do deserto a matutar sobre os fundamentos de sua atividade política. Penso, porém, ser importante empreender mais uma arrancada com respeito ao nosso entendimento da filosofia política. Conforme sugerido na seção anterior, o desafio da diferença na filosofia política é também o desafio de encontrarem novas ferramentas com as quais se possam construir as nossas casas filosóficas, e é esse desafio de construir estruturas outras que não "casas filosóficas" que talvez seja mais adequado para enfrentar as exigências da diferença. Conseguimos nós pensar de maneira diferente acerca da própria atividade da filosofia política e do que possa nos proporcionar? Conseguimos imaginar filosofias políticas que utilizem ferramentas diferentes (que, por exemplo, não estejam ancoradas em pressupostos concernentes à natureza humana) e construam novas estruturas (que, por exemplo, não priorizem a justiça)? Se aqueles que se dedicam a refletir sobre política não conseguirem ampliar os limites da prática e da linguagem dessa área do conhecimento, poderia alguém alegar, então aqueles excluídos, ou até mesmo oprimidos pelos enfoques tradicionais – e crescentemente especializados e técnicos – não vão ter voz na conversação da filosofia política. Mas dadas as exigências da diferença, não chegamos já aos limites do próprio modelo conversacional?

De acordo com Habermas, é precisamente o ideal da interação comunicativa que habilita as diferenças a florescerem. Uma conversação genuinamente aberta, não distorcida por dinheiro ou poder, é o princípio básico a partir do qual é possível modelar todas as variedades de integração social e política democráticas. Um intercâmbio racional de percepções não só permite que todas as perspectivas sejam ventiladas em condições de igualdade, mas, sem dúvida, requer também que cada participante transforme suas suposições iniciais à luz da força de um argumento melhor. Entretanto, se aceitarmos o argumento de Foucault acerca da natureza constitutiva do poder na formação do nosso sentimento de nós mesmos (ver Capítulo 3), a análise de Gilligan da natureza da apreciação moral, vinculada ao gênero (ver Capítulo 4), e as preocupações feministas francesas acerca da natureza opressiva da ordem simbólica (capítulo presente), então a promessa de uma comunicação sem distorções visando a um consenso racionalmente justificável se afigura não só improvável na prática (como Habermas admite), mas também impossível em princípio. Ainda que essas questões sejam complicadas demais para serem resolvidas por um toque de mágica, podemos ainda assim imaginar como a filosofia política poderia continuar a desenvolver-se, caso não aceitemos essas críticas. Que feições teria a conversação da filosofia política se fôssemos céticos em relação aos poderes da própria conversação?

É interessante observar, ao refletir sobre quem "está ligado" na conversação, que as contribuições tidas como de real valor duradouro, aquelas feitas pelos "grandes" filósofos políticos (antigos, modernos e contemporâneos), são aquelas que alteraram fundamentalmente os hábitos de pensamento. Platão vociferava contra os oligarcas e democratas; Locke engenhou um direito natural à propriedade privada para neutralizar argumentos que procuravam justificar o direito divino dos reis; e Foucault nos exortou a questionar nosso senso de "normalidade," criando um novo léxico teórico para analisar os efeitos perniciosos desse conceito aparentemente inocente. Há, em termos de Nietzsche, qualquer coisa de "fora de época" nesses que injetaram nova vida na conversação da filosofia política. Eles estão inseridos, claro, numa tradição filosófica, mas a novidade e inovação que trazem à conversação ultrapassa o contexto que os forma, e sempre haverá riquezas a serem encontradas nos seus textos para "a nossa época", seja ela qual for. A filosofia política é uma conversação, sim, mas sempre é, tem sido e será uma conversação que prolifera com novas ideias que são trazidas à mesa. Isso não ocorre simplesmente porque novas ideias respondem a novos tempos, embora assim aconteça; ocorre de maneira mais profunda porque ideias genuinamente novas encarnam uma crítica da identidade, dos mesmos hábitos antigos de pensamento, que sempre vai "falar" ao nosso desejo fundamental de diferença. Nesse sentido, a conversação da filosofia política prolifera sobre a diferença.

Cada vez mais, porém, não basta observar que somos capazes de dizer as coisas de maneira diferente. Os filósofos políticos estão a par de que o relacionamento entre identidade e diferença pode ser expresso de várias maneiras – pela linguagem, mas também pelas artes, cinema e, não por último, pela participação e ativismo políticos. Se conseguirmos aceitar que a "conversação"seja ampla o suficiente para incluir tais contribuições, contribuições que a frase de J. S. Mills, "experimentos de vida" expressa como nenhuma outra, então podemos presumir que a filosofia política trata não só de refletir sobre política, mas também de efetivamente fazer política. Ou quem sabe estar envolvido com política seja fazer filosofia política – caso o nosso envolvimento signifique desafiar hábitos e pressupostos políticos, em vez de atuarmos apenas como cabo eleitoral de um partido desenhando estratégias para, é claro, vencer as próximas eleições. Na verdade, se dermos espaço para essa ideia respirar, poderemos encontrar uma nova maneira de refletir sobre a filosofia política. Ainda que exista em manuais universitários e raros artigos de jornais, a filosofia política pode constituir, na base de tudo, um modo de enfrentar a vida, um modo que é político porque envolve a criação de novas formas de interação social regida por normas.

A filosofia política, portanto, não é apenas pensamento, mas também ação: ou, melhor ainda, é ambas as coisas, pensamento e ação conjugados. Com certeza, as normas criadas por nossos "experimentos de vida" precisam sempre ser submetidas ao teste da teoria política normativa, mas a própria filosofia política se expande para além disso, porque, para começar, é o próprio engajamento com o mundo que cria tais normas. Como convite à filosofia política, então, este livro é um guia para nos orientar na contínua conversação dos filosoficamente grandes; mas – em última análise – é um convite a engajar-se na vida política refletindo sobre ela e realizando novas formas de interação regida por normas que vão trazer para todos nós o desafio da diferença.

Referências

Aristotle (1981), *The Politics* (revised edn). London: Penguin.

Ashcraft, R. (1986), *Revolutionary Politics and Locke's Two Treatises of Government*. Princeton: University of Princeton Press.

Bachrach, P. and Baratz, M. (1962), 'Two faces of power', *American Political Science Review*, 56, 947-52.

Barber, B. (1984), *Strong Democracy: Participatory Politics for a New Age*. Berkeley: University of California Press.

Beauvoir, S. de (1972), *The Second Sex*. Harmondsworth: Penguin.

Benhabib, S. (1987), 'The generalised and the concrete other: the Kohlberg-Gilligan controversy and feminist theory', in S. Benhabib and D. Cornell (eds), *Feminism as Critique*. Cambridge: Polity Press.

Bentham, J. (1988), *A Fragment on Government*. Cambridge: Cambridge University Press.

Berlin, I. (1969), *Four Essays on Liberty*. Oxford: Oxford University Press.

Bohman, J. (1996), *Public Deliberation: Pluralism, Complexity and Democracy*. Cambridge MA: MIT Press.

____ (1998), 'The coming of age of deliberative democracy', *Journal of Political Philosophy*, 6 (4),400-25.

Brown, G. (2007), 'Speech to the National Council of Voluntary Organisations on politics', available at: www.number-10.gov.uk/output/pageI3008.asp.

Burke, E. (1969), *Reflections on the Revolution in France*. Harmondsworth: Penguin.

____ (1996), *The Writings and Speeches of Edmund Burke*. Oxford: Clarendon Press.

Butler, J. (1992), 'Contingent foundations: feminism and the question of postmodernism', in J. Butler and J. W. Scott (eds), *Feminists Theorize the Political*. London: Routledge, pp. 3-21.

____ (1999), *Gender Trouble: Feminism and the Subversion of Identity* (revised edn). London: Routledge.

____ (2005), *Giving an Account of Oneself* New York: Fordham University Press.

Callinicos, A. (2004), 'Marxism and politics', in Leftwich (ed.), *What is Politics? The Activity and its Study*. Cambridge: Polity Press, pp. 53-66.

Cixous, H. (1981a), 'Sorties', in E. Marks and I. de Courtivron (eds), *New French Feminisms: An Anthology*, London: Harvester Wheatsheaf.

_____ (1981b), 'The laugh of the medusa', in E. Marks and I. de Courtivron (eds), *New French Feminisms: An Anthology*, London: Harvester Wheatsheaf.

Cohen, G. A. (1978), *Karl Marx's Theory of History: A Defence*. Oxford: Oxford University Press.

Connolly, W (1991), *Identity/Difference: Democratic Negotiations of Political Paradox*. New York: Comell University Press.

_____ (1995), *The Ethos of Pluralization*. Minneapolis: University of Minnesota Press.

Coole, D. (1993), *Women in Political Theory: From Ancient Misogyny to Contemporary Feminism* (second edn). Hemel Hempstead: Harvester Wheatsheaf.

Crick, B. (1964), *In Defence of Politics*. Harmondsworth: Penguin.

Dahl, R. (1961), *Who Governs? Democracy and Power in an American City*. New Haven, CT: Yale University Press.

Deleuze, G. (1994), *Difference and Repetition*. New York: Columbia University Press.

Derrida, J. (1973), *Speech and Phenomena*. Evanston: Northwestem University Press.

_____ (1974), *Of Grammatology*. New York: Columbia University Press.

_____ (1978), *Writing and Difference*. Chicago: University of Chicago Press.

Dunn, J. (1969), *The Political Thought of John Locke*. Cambridge: Cambridge University Press.

Feuerbach, L. (1957), *The Essence of Christianity* (abridged). New York: Frederick Unger.

Filmer, R. (1991), *Patriarcha and Other Political Writings*. Cambridge: Cambridge University Press.

Flax, J. (1995), 'Race/gender and the ethics of difference', *Political Theory*, 23 (3), pp. 500-10.

Foucault, M. (1977), *Discipline and Punish: The Birth of the Prison*. Harmondsworth: Penguin.

_____ (1980), *Power/Knowledge: Selected Interviews and Other Writings, 1972-77*. London: Harvester Wheatsheaf.

_____ (1988), 'Technologies of the self', in L. H. Martin, H. Gutman and P. H. Hutton (eds), *Technologies of the Self. A Seminar with Michel Foucault*. London: Tavistock.

_____ (1991), 'Governmentality', in G. Burchell, C. Gordon and P. Miller (eds), *The Foucault Effect: Studies in Governmentality*. London: Harvester Wheatsheaf.

_____ (2004), *Society Must be Defended: Lectures at the College de France, 1975-76*. London: Penguin.

Freeden, M. (1996), *Ideologies and Political Theory: A Conceptual Approach*. Oxford: Clarendon Press.

Fukuyama, F. (1992), *The End of History and the Last Man*. London: Penguin.

Gay, P. (ed.) (1995), *The Freud Reader*. London: Vintage.

Gilligan, C. (1993), *In A Different Voice: Psychological Theory and Women's Development* (second edn), Cambridge, MA: Harvard University Press.

Gray, J. (2000), *Two Faces of Liberalism*. Cambridge: Polity Press.

Guttman, A. (ed.) (1994), *Multiculturalism: Examining the Politics of Recognitition*. New Jersey: Princeton University Press.

Habermas, J. (1984), *The Theory of Communicative Action, Volume I: Reason and the Rationalisation of Society*. Boston: Beacon Press.

_____ (1987), *The Philosophical Discourse of Modernity*. Oxford: Polity Press.
_____ (1990), *Moral Consciousness and Communicative Action*. Cambridge: Polity Press.
_____ (1994), 'Struggles for recognition in the constitutional state', in A. Guttman (ed.), *Multiculturalism: Examining the Politics of Recognition*. New Jersey: Princeton University Press.
_____ (1996), *Between Facts and Norms: Contributions to a Discourse Theory on Law and Democracy*. Cambridge: Polity Press.
Hampsher-Monk, I. (1992), *A History of Modern Political Thought: Major Political Thinkers from Hobbes to Marx*. Oxford: Blackwell.
Hardt, M. (1993), *Gilles Deleuze: An Apprenticeship in Philosophy*. London: UCL Press.
Hardt, M. and Negri, A. (2000), *Empire*. Cambridge, MA: Harvard University Press.
Hegel, G. W. F. (1967), *Philosophy of Right*. Oxford: Oxford University Press.
_____ (1971), *Philosophy of Mind. Being Part Three of the Encyclopaedia of the Philosophical Sciences*. Oxford: Oxford University Press.
_____ (1997), *Phenomenology of Spirit*. Oxford: Oxford University Press.
Hobbes, T. (1985), *Leviathan*. Harmondsworth: Penguin.
Howarth, D. (2008), 'Ethos, agonism and populism: William Connolly and the case for radical democracy', *The British Journal of Politics and International Relations*, 10, (2),171-193.
Irigaray, L. (1985a), *Speculum of the Other Woman*. New York: Cornell University Press.
_____ (1985b), *The Sex Which is Not One*. New York: Cornell University Press.
Kristeva, J. (1981), 'Woman can never be defined', in E. Marks and I. de Courtivron (eds), *New French Feminisms: An Anthology*. London: Harvester Wheatsheaf.
_____ (1986), *The Kristeva Reader*. Oxford: Basil Blackwell.
Kymlicka, W. (1989), *Liberalism, Community and Culture*. Oxford: Clarendon Press.
_____ (1995), *Multicultural Citizenship: A Liberal Theory of Minority Rights*. Oxford: Clarendon Press.
Lacan, J. (1977), *Ecrits: A Selection*. London: Tavistock Publications.
Laclau, E. and Mouffe, C. (1985), *Hegemony and Socialist Strategy: Towards a Radical Democratic Politics*. London: Verso.
Leftwich, A. (ed.) (2004), *What is Politics? The Activity and its Study*. Cambridge: Polity Press.
Little, A. (2008), *Democratic Piety: Complexity, Conflict and Violence*. Edinburgh: Edinburgh University Press.
Locke, J. (1988), *Two Treatises of Government*. Cambridge: Cambridge University Press.
Lorde, A. (1983), 'The master's tools will never dismantle the master's house', in C. Moraga and G. Anzaldúa, *This Bridge Called My Back: Writings by Radical Women of Color*. New York: Kitchen Table, pp. 98-101.
Lukes, S. (1974), *Power: A Radical View*. Basingstoke: Macmillan.
Lyotard, J-F. (1984), *The Postmodern Condition: A Report on Knowledge*. Manchester: Manchester University Press.
Machiavelli, N. (1981), *The Prince and Other Political Writings*. London: Everyman's Library.
MacKinnon, C. (1989), *Toward a Feminist. Theory of the State*. Cambridge, MA: Harvard University Press.

Macpherson, C. B. (1962), *The Political Theory of Possessive Individualism: Hobbes to Locke*. Oxford: Oxford University Press:

McLellan, D. (2000), *Karl Marx: Selected Writings* (second edn). Oxford: Oxford University Press.

Mill, J. S. (1972), *Utilitarianism, On liberty and Considerations on Representative Government*. London: Everyman's Library.

Naess, A. (1989), *Ecology, Community and Lifestyle*. Cambridge: Cambridge University Press.

Nozick, R. (1974), *Anarchy, State and Utopia*. Oxford: Basil Blackwell.

Nussbaum, M. (1999), *Sex and Social Justice*. Oxford: Oxford University Press.

Oakeshott, M. (1991), *Rationalism in Politics and Other Essays*. Indianapolis: Liberty Fund.

Okin, S. M. (1989), *Justice, Gender and the Family*. New York: Basic Books.

_____ (1994), 'Gender inequality and cultural differences', *Political Theory*, 22 (1), 5-24.

_____ (1995), 'Response to Jane Flax', *Political Theory*, 23 (3),511-16.

_____ (1999), 'Is multiculturalism bad for women?' in J. Cohen, M. Howard and M. Nussbaum (eds), *Is Multiculturalism Bad for Women*. New Jersey: Princeton University Press.

Passavant, P. and Dean, J. (eds) (2003), *The Empire's New Clothes: Reading Hardt and Negri*. London: Routledge.

Plato (1974), *The Republic*. Harmondsworth: Penguin Books.

Popper, K. (1966), *The Open Society and Its Enemies, Volume 1: The Spell of Plato*. London: Routledge and Kegan Paul.

Rancière, J. (1995), *On the Shores of Politics*. London: Verso.

Rancière, J. (1999), *Disagreement: Politics and Philosophy*. London: University of Minnesota Press.

Rawls, J. (1972), *A Theory of Justice*. Oxford: Oxford University Press.

_____ (1993), *Political Liberalism*. New York: Columbia University Press.

_____ (2001), *Justice as Fairness: A Restatement*. Cambridge, MA: Harvard University Press.

Rhodes, R. (1996), 'The new governance: governing without government', *Political Studies*, 44 (4),652-7.

Rousseau, J-J. (1973), *The Social Contract and Discourses*. London: J. M. Dent and Sons.

Sandel, M. (1984), 'The procedural republic and the unencumbered self', *Political Theory*, 12 (1),81-96.

Taylor, C. (1985), *Philosophy and the Human Sciences: Philosophical Papers* (Volume 2). Cambridge: Cambridge University Press.

_____ (1994), 'The politics of recognition', in A. Guttman (ed.), *Multiculturalism: Examining the Politics of Recognition*. New Jersey: Princeton University Press.

Tocqueville, A. de (1966), *Democracy in America* (2 vols). New York: Harper and Row.

Waal, Frans de (1982), *Chimpanzee Politics*. London: Jonathan Cape.

Young, I. M. (2000), *Inclusion and Democracy*. Oxford: Oxford University Press.

Índice

Agência 16-17, 77-78
alienation 38-39, 55-56, 64-65, 78-79
Althusser, L. 77-78, 162-163
antiessencialismo 141-147
Arendt, H. 14-15
Aristóteles 14-15, 32-33, 151-152, 163-164, 170, 172-173
Ashcraft, R. 46-47
Austin, J. L. 161-162
autonomia 51-53
autoridade 20-21, 59
autoritarismo 39-42

Bacharach, P. 75-77
Bacon, F. 30, 32-33
Baratz, M. 75-77
Barber, B. 122-123
Bauer, B. 65-66
Beckett, S. 157-158
Bem comum, o 13-14, 50-52, 58
Benhabib, S. 104-105
Bentham, J. 92-93, 117-118
Berlin, I. 33-34, 51-53, 86-89
Bohman, J. 123-128
Brown, G. 9-10, 75-76
burguesia 68, 79-80, 105-106, 119-120
Burke, E. 61, 122-124
Butler, J. 11, 159-170

Callinicos, A. 23-24
capitalismo 19-20, 68-69, 119-120, 142-143, 171-173
Charles I 47-48
China 112
Chodorow, N. 101-103

Cixous, H. 152-159
Cohen, G. 63
complexo de Édipo 100-102, 154-156
comunidade 9-10, 33-34, 56-57, 60, 76-77, 105-110, 120-121
comunismo 117-118
comunitarismo 14-15, 105-110
conflito 13-18, 34-36, 53-54
Connolly, W. 130-131
Contrato social 38-40, 44-47, 54-57, 90-96
Coole, D. 15-16
cooperação 13-18
Crick, B. 13-14
cultura 16-17, 21-22, 33-34

Dahl, R. 75-78
de Beauvoir, S. 25-26, 101-102, 153-156, 166-167
de Tocqueville, A. 47-49, 121-122
Deleuze, G. 170-172
democracias liberais 10, 26-27, 40-41, 65, 68-70, 72, 105-114, 119-122, 132-135, 148-149
Derrida, J. 122-123, 143-144, 155-156, 161-162
Descartes, R. 30, 32-33
desconstrução 143-144, 155-156
desigualdade 54-56
deWaal, F. 12
dialética 61-63, 67
Diderot 51-52
direitos 19-20, 37-40, 42-45, 72-75, 81-82, 88-93, 100-101, 105-110, 134, 139-140, 145-146, 148-149

Discriminação 70-71, 140-141
Dunn, J. 46-47

Engels, F. 69
essencialismo 141-147
estado 9, 18-22, 38-40
estado natural 33-38, 41-45, 52-56
estrutura 15-17, 77-80, 154-159
EUA 14-15, 35-36, 46-49, 65, 75-77, 99-100, 138-139
Euclides 32-33, 39-40
executivo 45-47

Feminismo 25-28, 59, 69-75, 99-106, 139-147, 153-169, 173-174
Feuerbach, L. 63-64, 66
Filmer, R. 41-44
filosofia 11-12, 61, 84-85, 172-175
Flax, J. 144-147, 152
Foucault, M. 11, 18-21, 24-26, 78-82, 159-163, 167-168, 170, 173-175
Freeden, M. 24-25
Freud, S. 100-103, 154-157
Fukuyama, F. 111-112

Galileo 30, 32-33, 35-37
gênecero 15-17, 25-28, 69-75, 100-103, 140-142, 144-147, 152-164
Gilligan, C. 99-106, 173-174
globalização 132, 144-145
God 20-21, 29, 32-33, 41-45, 64
governamentalização 18-21, 81-82
governança 18-21
governo 9, 17-21, 38-39, 45-47, 54-55
Gramsci, A. 77-78
Gray, J. 87-90
guerra 36-38, 41-45, 53-54
Guerra Civil Inglesa 31, 35-36
Guttman, A. 146-147

Habermas, J. 82, 103-104, 124-130, 147-150, 152, 173-174
Hampsher-Monk, I. 56-57
Hardt, M. 170-173
Hegel, G. W. F. 61-68, 112
Hobbes, T. 31-46, 50-57, 59, 69, 118-119, 152
Husserl, E. 125-126

Ideologia 23-25, 68, 70

igualdade 20-22, 34-35, 41-42, 56-57, 70-72, 120-121
Iluminismo, o 51-52, 81-82, 124-125, 148-150, 165-166
independência 20-21, 41-42, 51-53
Irigaray, L. 152-157
Islã 112

Joyce, J. 157-158
justiça 38-39, 82, 135-142, 144-147, 151

Kant, I. 61-62, 106-107
Kohlberg, L. 102-104
Kristeva, J. 152-158
Kymlicka, W. 135-140, 149-150

Labor 43-44
Lacan, J. 154-157, 167-168
Laclau, E. 128-131
Leftwich, A. 12, 15-16
legislativo 45-47, 63
lei 20-21, 62, 70-71
lei natural 20-21, 36-37
leis da natureza 36-38, 44-46
lesbianismo 142-143, 162-163
liberalismo 14-15, 19-21, 31, 48-49, 58, 70, 79-82, 88-89, 105-110, 114-115, 119-120, 148-149
liberdade 19-22, 41-42, 48-53, 56-59, 62-63, 65, 74-75, 88-89, 95-100, 114-115, 117-120
Lincoln, A. 130-131
linguagem 15-17, 133, 143-144, 154-158, 173-174
Little, A. 130-131
Locke, J. 10, 20-21, 39-53, 55-57, 98-99, 120-121, 174-175
Lorde, A. 103-104
Lukes, S. 77-79
Lyotard, J-F. 143-144, 164-168

Machiavelli, N. 11, 18-19, 29-30
MacIntyre, A. 108-109
Mackinnon, C. 49-51, 69-75, 78-79, 104-106, 166-167
Macpherson, C. B. 44-45
Marx, K. 10, 60-70, 74-75, 77-79, 171-173
Marxismo 23-25, 77-80, 142-143, 171-173

mercado 9, 111
Mill, J. S. 47-51, 90-91, 114-120, 174-175
modernismo 164-166, 170
Mohammed 112
morte 36-37
Mouffe, C. 128-131

Nações Unidas, as 112
Naess, A. 12
naturalização 26-28, 68, 159-164
Natureza humana 32-34, 41-43, 52-58, 61-62, 64, 67, 78-79, 151-152, 163-164
Negri, A. 171-173
Nietzsche, F. 174-175
normalização 25-26, 78-82, 159-164
normas 14-15, 17-18, 20-27, 81-82, 168-170
Nozick, R. 96-100, 107-109
Nussbaum, M. 103-104

Oakeshott, M. 59-60
Okin, S. M. 104-105, 140-142, 144-147, 166-167

Partido do Trabalho, the 17-18
paz 37-38, 40-41, 44-45, 88-90
Platão 9, 11, 29, 83-87, 103-104, 113-115, 118-119, 174-175
poder 33-35, 168-169
politicização 25-28
Popper, K. 86-87
pornografia 73-75
pós-estruturalismo 27-28, 59, 79-80, 143-144, 153-164, 170-172
posição original 92-96
pós-modernismo 143-144, 164-169
proletariado 66, 171-173

propiredade privada 10, 42-47, 53-56, 97-100

Ranciere, J. 128-131
Rawls, J. 11, 21-23, 89-100, 103-108, 134-135, 144-145, 150, 152
razão 33-34, 41-42, 51-54, 61-63, 94-95, 115-116, 124-126, 143-144
rebelião 46-48
relativismo 87-89
renascimento 30
republicanismo cívico 9, 109-110
revolução de Coérnico 30
Rhodes, R. 18-19
Rousseau, J-J. 14-15, 50-58, 60, 63, 120-121
Rushdie, S. 112

Sandel, M. 14-15, 105-108, 137-138
Sidgwick, H. 90-91
Smith, Adam 56-57
Smith, Al 121-122
soberano 38-41, 55-58, 63, 116-117, 171-173
sociedade civil 18-19, 45-46, 65, 127-128
Sócrates 83-84

Taylor, C. 82, 105-110, 146-150
Taylor, H. 141-142

Utilitarismo 90-91, 96, 117-119

Valor-monismo 86-87
valor-pluralismo 86-90
véu de ignorância 93-94

Wollstonecraft, M. 141-142
Woolf, V. 141-142

Young, I. M. 122-124